플래시를
기억하는 모든
이들에게

일러두기

ripflash.net 웹사이트

이 책은 QR코드를 통해 ripflash.net 웹사이트와 연동됩니다.

스마트폰 카메라를 사용하여 책 곳곳의 위와 같은 QR코드를 비추면 내용과 연결되는 아카이브 웹페이지로 이동할 수 있습니다.

- 게임, 미술, 영화, 애니메이션, 음악 등 창작물의 제목은 〈 〉으로 표시합니다.
- 단행본이나 학술지, 잡지, 신문 등의 제목은 『 』으로 표시하고 논문이나 기사 등 개별 텍스트의 제목은 「 」으로 표시합니다.
- 영문의 경우 창작물, 단행본, 학술지, 잡지, 신문 등 제목은 모두 이탤릭으로 쓰고, 논문이나 기사 등 개별 텍스트를 표시할 때는 " "로 표시합니다.
- 플래시 등 프로그램의 이름은 문장 부호 없이 씁니다. 외국어 고유 명사의 경우 처음 쓰였을 때만 괄호 안에 원어를 병기합니다.

CONTENTS

R.I.P. FLASH

서문   12
→ 플래시의 장례를 준비하며

플래시의 생애   19
→ 플래시가 인터넷을 바꾸었다고?

플래시와 테크놀로지   36
→ 플래시는 어떤 기술이었을까?

플래시 사인분석   44
→ 누가, 언제, 왜 플래시를 죽였을까?

플래시의 죽음 이후   78
→ 플래시와 아카이브 실천

FLASH MEMORY

플래시는 죽어도 플래셔는 살아있다   91
→ 플래시 개발자 A와 B의 이야기

큰 회사의 가벼운 게임   111
→ 전 한게임 플래시 게임팀

컴퓨터 화면에서 똑 떨어진 물방울 하나   150
→ 한국 1세대 플래시 디자이너 설은아 인터뷰

FLASHBACK

Re-Able 플래시, 1996-2020 → 정찬철	177
졸라맨을 추억함 → 오영진	188
작고 투박한 세계를 뒤돌아보며 → 이하림	198
플래시 게임의 플랫폼적 특이성 → 이정엽	210
한국 만화가 암중모색 끝에 발견했던 하나의 빛 → 성상민	227
사라진 플랫폼과 남은 이미지에 대한 질문들 → 이민주	249

FLASHMOB

죽어버린 게임을 소환하는 방법 — 262
→ 이경혁, 이정엽, R.I.P. FLASH

소프트웨어의 피라미드 — 299
→ 곽영빈, 양아치, 이수연, R.I.P. FLASH

BACKERS

CREDITS

R.I.P. FLASH

플래시의 장례를 준비하며

R.I.P. Flash는 단종된 소프트웨어인 플래시의 장례를 치르는 프로젝트입니다. 추도사를 읽기도 전에 의문을 가지시는 분들이 있을 것으로 생각합니다. 기술이 어떻게 죽을 수 있을까요. 2005년부터 매크로미디어(Macromedia)를 인수하여 플래시를 개발하고 있는 어도비(Adobe)는 2017년 7월 25일, "플래시의 생의 마지막을 계획하고 있습니다."(Adobe is planning to end-of-life Flash.)라는 문장이 포함된 포스팅을 발행합니다. 그 이후, 플래시가 받은 시한부 선고에 대한 소식은 일파만파 퍼져나갔습니다. 예전처럼 널리 사용되고 있지는 않았지만, 플래시를 기억하는 사람들은 엄청나게 많았습니다. 지금도 검색 엔진에 관련 내용을 검색하면 "R.I.P. Flash"라는 글귀가 새겨진 비석 이미지들이 쏟아집니다. 예외적인 의인화로 받아들이기엔 플래시의 죽음이라는 수사는 너무도 자연스럽게 받아들여지고 있습니다. 위에 굳이 이상하게 직역했지만 "end-of-life", EOL이라고 줄여 쓰기도 하는 표현은, 사실 한국어로 그냥 단종이라고 옮겨쓸 수 있는 산업 용어이기도 합니다.

그러나 엄밀히 따지면 기술은 죽을 수가 없습니다. 기술은 생명을 가지지 않는 인위의 산물이기 때문이겠죠. 기술은 자연적인 것의 대척점에 있는 대상으로 사유되어왔습니다. 하지만 어떠한 기술이 뿌리 깊게 자리 잡아 특정한 대상으로 인식되지 않을 만큼 자연스러운 환경의 일부가 되어버렸다면 어떨까요. 당장 주변을 조금만 돌아보아도 인공물이었던 기술의 산물들이 우리의 세계 곳곳을 구성하고 있습니다. 역설적이게도 인위적인 기술들이 자연스러운 환경을 만들고 있는 것이죠. 이미 우리는 미디어 '환경'이나 '생태'라는 말을 자연스럽게 쓰고 있습니다. 살고 죽는 것이 맞물려 순환하는 체계를 말하는 생태 말입니다. 이러한 관점에서 기술의 죽음이라는 관념을 다시 돌아볼 수 있습니다.

플래시는 기술적 환경을 구성하는 다양한 플랫폼 중에서도 특히, 오늘날 웹 환경을 이루는 근간을 만들어왔기에 중요하게 논의되어야 합니다. MIT 출판부의 플랫폼 연구 시리즈의 일환으로 플래시를 연구한 살터와 머레이(Anastasia Salter & John Murray)가 쓴 책의 부제는 "상호작용적 웹 구축하기"(Building the Interactive Web)입니다.[1]

---

[1] Anastasia Salter & John Murray, *Flash: Building the Interactive Web*, Cambridge, Massachusetts: MIT Press, 2014.

플래시라는 멀티미디어 플랫폼은 단지 콘텐츠를 재생하는 것을 넘어, 액션스크립트(ActionScript) 기능 등이 추가되면서 사용자의 입력을 받아들일 수 있는 구조를 갖추게 됩니다. 웹 곳곳에 퍼져나가기 시작했던 플래시 콘텐츠들은 아예 웹페이지 자체를 구성하기도 합니다. 일방적으로 정보를 나열하기만 하던 웹사이트들은 그렇게 쌍방향 인터페이스를 갖추어 나갔고, 그에 따라 사용자라는 주체의 위상 역시 바뀌어 나갑니다.

이미지의 유통에서도 플래시는 핵심적인 역할을 했습니다. 오늘날 웹 이미지 유통의 중심에 있는 유튜브도 초기에는 플래시로 만들어졌습니다. 이러한 기술적 포맷뿐 아니라, 플래시의 영향은 콘텐츠 생산의 측면에서도 살펴볼 수 있습니다. 플래시 애니메이션이 급속도로 유행할 수 있었던 이유는 그것이 모든 프레임을 그려야 하는 기존의 애니메이션 제작법에 비하여 훨씬 간단히 움직이는 이미지를 만들 수 있는 기술적 기반을 제공했기 때문입니다. 플래시를 통해 웹은 아마추어 콘텐츠 생산자들의 놀이터가 되었습니다. 수많은 사람들이 콘텐츠 크리에이터나 유튜버를 꿈꾸고 있는 오늘날, 플래시에서 뻗어 나간 다양한 문화적 계보를 생각해 볼 수 있습니다.

별도의 하드웨어 없이 링크만으로 애니메이션이나 게임을 플레이할 수 있게 했다는 점에서도 플래시는 중요합니다. 플래시 게임은 누구나 쉽게 즐길 수 있는 것이었습니다. 그것은 공통의 기억을 형성한다는 점에서도 유의미하지만, 고사양 컴퓨터나 고가의 콘솔 없이도 플레이할 수 있다는 점에서 계급, 계층, 젠더의 문제와 연결되는 것이기도 합니다. 나아가 플래시 게임의 캐주얼함은 모바일 게임의 계보와도 연동됩니다. 모바일 게임으로 유명한 〈캔디 크러시 사가〉(Candy Crush Saga) 같은 게임은 플래시 게임을 기반으로 만들어졌습니다. 소위 방탈출이라고 불리는 게임의 형식 역시, 〈크림슨 룸〉(Crimson Room)이라는 플래시 게임에서 기원합니다. 최근에도 인기를 끌고 있는 일명 디펜스 게임 장르도 플래시 게임에서 유행하던 형식이 이식된 사례라고 할 수 있습니다.

이렇게 플래시를 둘러싼 과거의 이야기들은 끝도 없이 이어집니다. 그렇기에 많은 사람이 플래시의 죽음에 관심을 가지는지도 모르겠습니다. 그러나 R.I.P. Flash는 플래시의 화려한 과거를 복원하려는 프로젝트가 아닙니다. 이것은 역사를 쓰려는 시도 또한 아닙니다. 우리가 주로 담아내고 있는 것은 플래시를 만든 사람들의 공식적인 이야기가 아니라,

플래시를 사용했던 사람들의 다양한 목소리입니다. 그러니까 우리는 플래시의 장례를 치릅니다. 장례는 죽은 이를 위한 것이 아니라, 산 자들의 일이죠. 죽음을 받아들이고, 그것의 유산을 나누고, 자손들을 살피는 일입니다. 물론 죽은 이의 생애를 정성스럽게 돌아보는 일은 꼭 필요할 것입니다. 장례에서는 유산의 상속을 두고 난장이 벌어지기도 합니다. 고대 이집트인처럼 불멸의 장소에 그것의 일부를 보관해야 할 수도 있습니다. 중요한 점은 장례가 과거를 위한 일이 아니라는 점입니다. 미라를 만드는 일은 도래할 시간을 준비하는 것입니다. 그것은 과거에 잠재된 미래를 살피는 일에 가깝습니다.

플래시는 그 이름부터 참 미묘합니다. 발터 벤야민(Walter Benjamin)은 역사에 대한 그의 사유를 설명하는 과정에서 수차례에 걸쳐 영어로 "flash(es)"로 번역되는 "섬광"이라는 표현을 씁니다. "과거의 진정한 이미지는 휙 지나간다. 과거는 인식 가능한 순간에 인식되지 않으면 영영 다시 볼 수 없게 사라지는 섬광 같은 이미지로서만 붙잡을 수 있다.",[2]

2 발터 벤야민, 최성만 옮김, 『역사의 개념에 대하여 / 폭력비판을 위하여 / 초현실주의 외』, 서울: 도서출판 길, 2008, p.333.

"과거를 역사적으로 표현한다는 것은 그것이 '원래 어떠했는가'를 인식하는 일을 뜻하는 것이 아니다. 그것은 위험의 순간에 섬광처럼 스치는 어떤 기억을 붙잡는다는 것을 뜻한다."[3] "이미지란 과거에 있었던 것이 지금과 섬광처럼 한순간에 만나 하나의 성좌를 만드는 것을 말한다. 다시 말해 이미지는 정지 상태의 변증법이다."[4] 벤야민은 과거와 현재가 순차적으로 이어지는 역사를 사유하지 않았습니다. 그는 오히려 지나간 것들이 지금 시간에 변증법적으로 부딪혀 섬광처럼 떠오른다고 말합니다. 우리가 플래시의 지난날들을 사유하는 방식도 비슷합니다. 올드 미디어가 되어가고 있는 과거의 뉴 미디어에서 우리는 지금, 또 어떤 섬광과 같은 새로움을 발견할 수 있을까요.

---

[3] 같은 곳, p.334.

[4] 발터 벤야민, 조형준 옮김, 『아케이드 프로젝트1』, 서울: 새물결, 2006, p.1056.

플래시의 생애 → 플래시가 인터넷을 바꾸었다고?

플래시의 탄생

1993년, 미국의 젊은 개발자 조나단 게이(Jonathan Gay)는 당시 최신 기술이었던 초기 태블릿 PC를 보고 태블릿 전용 그래픽 소프트웨어를 만들어야겠다고 생각했다. 그는 찰리 잭슨(Charlie Jackson), 미셸 월시(Michelle Walsh)와 함께 퓨처웨이브(FutureWave)를 설립하고 태블릿을 위한 그래픽 툴인 스마트스케치(SmartSketch)를 야심 차게 내놓는다. 그러나 기대와 달리 시장의 반응은 냉담했다. 설상가상으로 태블릿 제작사의 정책이 바뀌면서 태블릿과 연동되는 소프트웨어를 제작하는 일 자체가 어려워진다.

그렇게 사업이 고전을 겪고 있을 무렵, IT업계는 물론이고 전 세계적으로 인터넷 열풍이 점점 거세지고 있었다. 인터넷은 끊임없이 더 넓은 세계를 연결하며 또 하나의 세계를 구축해나갔다. 한창 발달하고 있었지만, 당시의 인터넷은 우리가 지금 사용하고 있는 것과 전혀 다른 모습이었다. 초기의 웹사이트들은 텍스트로 가득했다. 물론 활자 매체와 달리 하이퍼텍스트를 통해 입체적으로 연결되는 구조를 가지고 있었지만, 그 시기의 인터넷 인프라는 이미지나 동영상같이 비교적 큰 데이터를 전송하기는 어려웠다. 그나마 낮은 용량으로 무빙이미지를 구현할 수 있던 GIF 포맷의 이미지가 부분적으로 활용되고 있었다.

이러한 조건에서 퓨처웨이브는 기존의 경험을 바탕으로 웹에서 통용될 수 있는 애니메이션 제작 툴에 대한 고민을 구체화하기 시작한다. 스마트스케치는 망했지만, 그 프로그램이 가지고 있던 애니메이션 제작 기능은 충분히 발전의 가능성을 지니고 있었다. 그렇게 퓨처웨이브는 쉽고 가볍게 애니메이션을 만들 수 있는 기능을 특화하여 퓨처스플래시 애니메이터(FutureSplash Animator)라는 프로그램을 1996년에 출시한다. 이것이 바로 플래시의 전신이 되는 소프트웨어이다.

퓨처스플래시 애니메이터는 누구든 금방 배울 수 있는 직관적인 애니메이션 제작 프로그램이었다. 나아가 여러 기술 환경에서 콘텐츠를 재생할 수 있도록 크로스 플랫폼을 지원하면서 업계의 주목을 받았다. 당시 널리 사용되던 웹 브라우저인 넷스케이프(Netscape)는 퓨처스플래시 애니메이터를 확장 기능으로 추가했고, 마이크로소프트(Microsoft)는 MSN과 인터넷 익스플로러(Internet Explorer)에 필요한 무빙이미지 기술을 확보하기 위해 퓨처웨이브와 제휴를 맺었다.

디즈니(Disney) 또한 퓨처스플래시 애니메이터를 통해 인터넷에 애니메이션을 송출할 수 있는 가능성을 크게 판단하면서 퓨처웨이브의 고객이 되었다.

그렇게 퓨쳐스플래시는 웹 애니메이션 기술로 급부상했고, 몇 개월 지나지 않아 업계의 선두주자였던 매크로미디어(Macromedia)가 퓨처웨이브에게 인수를 제안한다. 매크로미디어는 디렉터(Director)와 쇼크웨이브(Shockwave) 같은 애니메이션 기술을 이미 보유하고 있는 회사였지만, 웹 환경에 친화적인 퓨처스플래시의 잠재력을 높게 평가했다. 매크로미디어는 퓨처스플래시를 인수한 뒤 'FutureSplash'라는 프로그램의 이름을 축약하여 매크로미디어 'Flash'로 프로그램의 이름을 바꾸었고, 이때부터 우리가 알고 있는 플래시라는 이름이 사용되었다.

이후 웹 콘텐츠 제작의 핵심이 되면서 점점 더 쓰임새를 확장해나가던 플래시는 2005년에 포토샵(Photoshop), 일러스트레이터(Illustrator), 인디자인(InDesign) 등 가장 널리 쓰이는 컴퓨터 그래픽 소프트웨어를 보유한 어도비(Adobe)에 다시 한번 인수 합병된다. 당시 매크로미디어는 플래시 외에도 드림위버(Dreamweaver)와 같은 웹 콘텐츠 기술을 다수 보유하고 있었기에 이러한 맥락에서 어도비의 매크로미디어 인수는 웹과 모바일 플랫폼으로의 기술적 확장을 명확히 하려는 결단으로 분석된다. 그때부터 플래시는 서비스 지원이 종료될 때까지 어도비 플래시라고 불렸다.

플래시 로고와 인터페이스 변천사

플래시의 성장

플래시의 가장 중요한 특성 중 하나는 직관적이고 간결한 조작 방식이다. 처음 사용하는 사람이더라도 플래시의 작동 방법을 조금만 익히면 애니메이션을 만들어낼 수 있었다. 단순히 인터페이스의 문제뿐만 아니라, 플래시의 키프레임이나 트윈 기능은 애니메이션 제작 방식에 혁신을 가져다주었다. 수십 장의 프레임을 직접 손으로 그려야 했던 기존의 애니메이션 제작 기법과 다르게, 프레임 사이의 연결을 컴퓨터가 처리하도록 했기 때문이다. 플래시가 등장하고 전문 스튜디오의 기술력이나 많은 인력 없이도 애니메이션 창작이 가능해졌다. 또한 플래시는 여러 장의 비트맵 이미지가 아니라, 수학적 계산을 통한 벡터 그래픽 처리 방식을 가지고 있었기에 낮은 용량으로 질 높은 이미지를 구현할 수 있었다. 플래시가 선보였던 여러 특성은 느린 전송 속도의 인터넷 환경에서도 무빙이미지가 유통될 수 있도록 하는 기술적 기반이 되기도 했다.

이러한 정보가 전 세계의 인터넷망으로 퍼지면서 한국에도 아마추어 플래시 사용자가 하나둘씩 생겨났고, 2000년을 기점으로 플래시로 만들어진 콘텐츠가 쏟아져 나오기 시작한다. 특히 인터넷 커뮤니티와 이메일, 메신저를 타고 애니메이션이 빠르게 전파되면서 점차 수많은 사람이 향유하는 문화로 자리 잡는다. 당시에 대학생이었던 김재인이 제작한 플래시 애니메이션 〈마시마로〉는 3개월 만에 조회 수 1,000만 회 이상을 기록했다. 마시마로의 인기는 캐릭터 사업으로 이어지면서 인터넷 세상 바깥으로 경계를 이례적으로 확장했다. 당시 한국 인터넷 문화를 대표하는 또 다른 애니메이션 〈졸라맨〉 역시 개인 제작자 김득헌이 자신의 웹사이트에 취미로 연재하던 시리즈였다. 이렇게 플래시는 개인 제작자들이 자유롭게 콘텐츠를 만들고 공유하는 문화의 배경이 된다.

플래시 콘텐츠의 인기와 확산은 플래시의 기술적 이점뿐만 아니라 당대의 다양한 문화적 맥락과도 연결되어 있다. 2000년대 초반, 인터넷 문화가 본격화되기 시작하면서 소위 엽기 문화가 크게 유행한다. 2001년 상반기에 네이버(Naver)에서 가장 많이 검색된 키워드는 '엽기'였고, 영화 〈엽기적인 그녀〉는 당시 최고의 흥행작이었다. 기존의 제도문화에서 쉽게 다룰 수 없던 것을 인터넷을 통해 표출할 수 있게 되면서 폭발적으로 확산해 나갔던 엽기 코드는, 플래시 콘텐츠들과 크게 호응하며 영향을 주고받는다. 마시마로는 '엽기토끼'라는 별명으로 더 잘 알려졌고 홍스구락부, 오인용 같은 창작자들의 플래시 애니메이션 시리즈에는 폭력적이거나 욕설을 거침없이 사용하는 엽기적인 캐릭터들이 등장하기 시작한다. 일명 '미운 사람 때리기'로 불렸던 게임처럼 가학적이거나 우스꽝스럽게 표현된 캐릭터들이 등장하는 플래시 게임들이 널리 유행하기도 했다. 플래시는 엽기 문화에서 개인 창작자들의 자유로운 표현을 돕는 좋은 도구였던 것이다.

2000년대 초반의 한국 플래시 콘텐츠

플래시 콘텐츠가 담긴 링크가 떠돌았던 당대의 풍경은 오늘날 밈이나 바이럴이라고 불리는 콘텐츠 공유 문화와 같았다. 노래를 삽입한 플래시 애니메이션은 '엽기송'이라고 불리며 큰 인기를 얻었다. 많은 사람이 〈당근송〉, 〈숫자송〉의 링크를 보내며 지인에게 응원과 사랑의 메시지를 전했고, 낙농진흥회는 우유 소비를 증진하기 위해 반복적인 가사를 담은 〈우유송〉을 홍보 캠페인으로 제작했다. 해외에서 제작된 플래시 애니메이션 〈뱃저스〉(Badgers)는 오소리를 뜻하는 'Badger'라는 가사가 한국에서 '팥죽'으로 잘못 발음되면서 '팥죽송'이라는 별명을 얻었고, 노래를 끝까지 들으면 죽는다는 괴담이 함께 퍼지면서 메신저나 인터넷 커뮤니티 등에서 일종의 밈이 된다.

플래시 성숙기

인터넷 커뮤니티의 게시판이나 개인 창작자들의 웹사이트에서 퍼져나간 아마추어 플래시 콘텐츠들은, 점점 인터넷 세계의 주요한 문화적 흐름으로 자리 잡는다. 그에 따라 2000년대 중반으로 접어들면서 플래시 콘텐츠들만 모아 볼 수 있는 플랫폼들이 생겨나기 시작했다. 특히 영어권에서는 뉴그라운즈(Newgrounds)가 세계적인 플래시 콘텐츠 포털로 떠오르면서 2005년 한 해 동안 검색 포털 야후(Yahoo)에서 가장 많이 검색된 단어로 기록되었다. 국내에서도 2004년부터 2006년까지 점심먹고 노라라, 주전자닷컴, 플래시365 등의 플래시 커뮤니티들이 연속적으로 만들어졌다. 이 커뮤니티들은 일명 '자작'이라고 불리는 유저 창작 플래시 콘텐츠들을 자유롭게 공유하는 문화를 형성하면서 아마추어 창작물이 유통될 수 있는 무대를 제공했다. 또한 플래시 콘텐츠를 이용하기 쉽게 분류하고 인기 순위 등을 제공하면서 콘텐츠를 유통하는 플랫폼으로서 작동했다.

특히 플래시 커뮤니티 주전자닷컴의 경우는, 플래시의 성장이 둔화한 2010년대까지도 고유한 창작 문화를 지속했다는 점에서 유의미하다. 2005년 개설된 주전자닷컴은 비단 플래시 게임이나 애니메이션을 게시하는 것에 국한되지 않고, 자작 문화 자체를 문화적 코드로 확장하여 제작 소스와 일러스트, 웹툰 등까지 공유하는 장이 되기도 하였다. 또한 유저가 자신의 작품을 발표할 수 있는 개인 페이지인 '작가방'을 가질 수 있게 하여 창작자의 존재를 부각했다. 이러한 커뮤니티 시스템은 소위 네임드 창작자를 탄생시키면서 작가의 팬덤이 형성되도록 도움을 주었다. 주전자닷컴은 게임 개발자나 일러스트레이터, 애니메이터가 습작을 올리고 자신의 작업을 봐주는 사람들을 만날 수 있는 공간이었다.

주요 플래시 커뮤니티 메인화면

이제는 당연한 말이 되어 쓰이지 않지만, 당시에는 UCC, 즉 유저 창작 콘텐츠(User-created content) 문화가 주목받고 있었다. 초기의 웹은 비교적 정적이고 일방적으로 정보를 취하는 방식이었지만, 점차 상호작용하고 유저가 참여할 수 있게 되면서 이후

Web2.0으로 불리게 되었다. 이런 흐름 속에서 UCC 제작 문화는 소수 생산자의 콘텐츠를 소비하는 구조에서 사용자가 문화 콘텐츠의 생산 주체가 되는 전환으로 볼 수 있다. UCC 콘텐츠의 주를 이루는 영상들이 디지털카메라의 확산이라는 기술적 조건과 연결된다면, 플래시는 게임과 애니메이션 창작의 기반이 되었다.

웹 문화에서 높은 점유율을 얻은 플래시는 업데이트를 통해 액션스크립트 기능을 고도화하면서 사용 범위를 확장해나갔다. 단순한 애니메이션 재생을 넘어 마우스, 키보드를 통한 상호작용을 구현할 수 있게 되었고, 이는 플래시로 게임을 만드는 문화까지 이어진다. 실제로 2000년의 매크로미디어 플래시 5부터, IT매체에서 플래시를 소개하는 문구에 '게임'이라는 단어가 등장하기 시작했다. 플래시는 게임을 제작하기 위한 소프트웨어가 아니었지만, 플래시의 액션스크립트를 활용해 플래시 개발자들이 마우스 클릭이나 커서, 키보드의 움직임을 추적할 수 있는 프로그래밍 소스를 오픈소스 형태로 공유했고, 아마추어 사용자들은 오픈소스를 활용하여 게임을 만들어내기 시작했다. 이처럼 플래시라는 도구의 쓰임새가 사용자 커뮤니티를 중심으로 공유되며 발전되었던 측면이 강했기 때문에, 플래시를 서비스한 매크로미디어와 어도비는 개발과 관련한 튜토리얼이나 시스템 환경 등을 커뮤니티의 의견에 기대어 결정하기도 했다. 소프트웨어의 제작사와 전문 개발자, 일반 사용자들이 상호 간 교류를 통해 플래시를 공동으로 만들어갔던 것이다.

플래시로 만든 게임들은 다운로드 없이 웹 브라우저에서 바로 구동되었기에 사람들은 쉽고 간편하게 게임을 즐길 수 있었다. 그 밖에도 플래시 게임은 대부분 무료로 서비스되었으며, 고성능을 요구하지 않았고, 게임의 룰 또한 직관적이었다. 이러한 특성은 연령과 성별, 기술적 조건에 구애받지 않고 누구나 게임을 즐길 수 있도록 하며 게임에 진입하는 장벽을 낮추었다. 그러자 더 많은 사람들이 플래시 게임 제작에 도전했다. 플래시 게임은 몇몇 게임 장르가 모바일 플랫폼까지 이어져 오며 발전하는 데에 자극을 줬다. 일명 '성 지키기'라고 불리는 〈디펜드 유어 캐슬〉(Defend Your Castle)처럼 몰려오는 적으로부터 자신의 영역을 지키는 디펜스 장르나 〈고군분투〉와 같이 앞으로 이동하며 점프 등으로 장애물을 피하는 플랫폼 장르는 플래시 게임을 통해 크게 발전한다. 이러한 방식의 게임들을 복잡한 프로그래밍 없이 비교적 간단한 템플릿을 활용하여 만들 수 있었기 때문이다. 그 외에도 클릭을 반복하는

것만으로 플레이하는 클리커(Clicker) 게임, 같은
모양 세 개를 맞추어 나가는 쓰리매치(Match 3) 퍼즐
등 간략한 조작법으로 이루어진 게임들이 확산되기
시작한다. 심지어 플래시 게임으로부터 새로운 장르가
만들어지기도 했는데, 갇힌 방 안에서 힌트를 얻어
탈출하는 방탈출 장르는 2004년 일본 개발자 타카기
토시미츠(高木敏光)가 만든 플래시 게임 〈크림슨 룸〉을
기원으로 한다.

이러한 플래시 게임들은 현재 모바일 게임과 연결되는
측면이 있다. 간단한 인터페이스 조작을 통해 플레이가
가능해야 하고, 잠깐 즐겼다가 다시 일상으로 복귀해야
하는 캐주얼 게임의 특성을 공유한다. 그에 따라
초기 모바일 게임 중에서는 플래시 게임을 그대로
모바일에 이식한 경우들이 많았다. 대표적으로
한국에서는 싸이월드(Cyworld)에서 서비스된 플래시
게임 〈애니팡〉(Anipang)이 모바일로 출시되면서
40일 만에 1,200만 명의 회원을 달성하기도 했다.
2010년대까지도 페이스북(Facebook) 같은
소셜 미디어를 통해 플래시 게임이 유통되기도
했는데, 특히 큰 인기를 얻었던 페이스북 플래시 게임
〈팜빌〉(Farmvile)의 제작사 징가(Zynga)는 자사의
플래시 게임들을 모바일로 재출시하면서 세계적인

장르별 주요 플래시 게임

게임 스튜디오로 발돋움했다. 캐주얼 게임이 플랫폼을 바꾸어 재매개되면서 일종의 계보를 형성하는 것이다.

인터넷 사용자가 많아지고, 웹 광고가 발달하면서 플래시는 광고 매체로도 활용되었다. 2000년대 초중반의 웹 환경에서 플래시를 활용한 배너 광고는 흔히 볼 수 있었고, 포털 사이트 메인 페이지의 가장 눈에 띄는 광고 영역에는 플래시로 만들어진 광고가 자리 잡고 있었다. 비교적 간단히 만들 수 있다는 점과 업데이트를 거듭하며 영상 등 다른 미디어를 매개할 수 있게 되었다는 점, 나아가 마우스로 클릭하거나 커서를 가져가는 간단한 동작에 반응하는 인터랙티브 콘텐츠를 만들어 낼 수 있다는 점에서 플래시는 광고에도 적합한 매체였다. 이러한 특성을 활용하여 2000년대에는 플래시를 기반으로 아예 광고만을 위한 웹사이트가

플래시 배너광고와 영화 홍보 웹사이트

만들어지는 경우가 있었다. 특히 〈취화선〉, 〈4인용 식탁〉 등의 플래시의 기능들을 잘 활용한 영화 홍보 웹사이트들은 독창성을 인정받으며 칸 국제 광고제에서 수상하기도 했다.

진입 장벽이 거의 없다시피 한 플래시 콘텐츠들은 기존의 매체들보다 훨씬 넓은 유저들을 대상으로 만들어지기 시작한다. 특히 어린이들을 대상으로 한 콘텐츠가 많았는데, 식품회사 해태는 아이부라보(ibravo)라는 플래시 게임 포털을 만들고 자사의 제품을 소재로 한 플래시 게임 시리즈를 만들었다. 아직도 많은 사람이 기억하는 캐릭터 아바타 스타 슈가 등장하는 시리즈와 자사의 제품인 고향만두를 만드는 게임은 플래시 게임을 홍보 사업의 일환으로 활용한 사례였다. 이런 식으로 인터넷을 처음 접하는 어린이들이 마치 놀이터처럼 드나들 수 있는 인터넷 공간을 전략적으로 구축한 사례를 찾아볼 수 있는데, 특히 주요 포털 사이트들은 어린이들을 잠재적인 사용자로 끌어들이기 위해 쥬니어네이버, 야후 꾸러기, 다음 키즈짱과 같은 플랫폼을 만들어 어린이용 플래시 콘텐츠를 장기적으로 서비스했다.

어린이를 대상으로 한 플래시 콘텐츠와 포털

플래시는 인터넷의 모습과 작동 방식 자체를 바꾸어 놓았다. 움직이고 반응하는 웹 인터페이스 자체가 플래시를 통해 확산하였기 때문이다. 나아가 위에서 살펴본 것처럼 자본까지 맞물리며 플래시는 점차 인터넷 공간의 어디에나 존재하게 된다. 특정한 콘텐츠를 플레이하는 차원을 넘어서 웹을 구성하는 환경이 되어버린 것이다. 플래시가 없어진 지금도 플래시를 기반으로 구축된 웹의 구조를 반영한 시스템이 곳곳에 남아있다. 플래시의 가장 큰 유산은 사실 코드에 심겨

있는 것이 아니라, 어린 시절부터 플래시가 만들어놓은
인터넷 환경에서 자란 사람들일지도 모른다.

그 기능을 점점 강화해 나가며 영향력을 계속 확장하던
플래시는 역설적으로 그 보편성과 강력함 때문에
문제를 발생시키기 시작한다. 플래시를 통한 해킹이나
바이러스 침투, 랜섬웨어 등 보안 문제가 발생한 것이다.
이러한 조건 속에서 아이폰을 필두로 새로운 매체
환경의 헤게모니를 잡으려는 자본들의 투쟁 사이에서
플래시는 설 자리를 점점 잃기 시작했다. 이와 관련한
플래시의 쇠퇴는 이후 '플래시 사인분석' 챕터에서
구체적으로 다룬다.

플래시와 테크놀로지 → 플래시는 어떤 기술이었을까?

지금은 올드 미디어가 되었지만, 20여 년 전 플래시가 한국에서 처음 쓰이기 시작했을 때는 굉장히 새로운 기술이었다. 당시 플래시 문화에 대한 인터뷰에서 어떤 웹 디자이너는 플래시를 피노키오에게 생명을 불어넣는 마법에 비유하기도 한다. 플래시의 어떠한 기술적 특성이 그 시기 사람들에게 혁신의 감각을 불러일으켰던 것일까. 플래시 문화를 촉발한 기술적 바탕을 살펴본다.

플래시의 벡터 그래픽

벡터 그래픽

플래시는 벡터 그래픽 방식을 사용했다. 벡터 그래픽이란 픽셀이 아닌 수학적 계산에 의해 그려진 그래픽을 뜻한다. 어도비 일러스트레이터가 이미지를 그려내는 방식으로 잘 알려져 있다. 픽셀을 기반으로 한 래스터 그래픽(비트맵)과 대조되는 개념인 벡터 그래픽 기반의 이미지는 비트맵처럼 섬세한 색을 구현하기는 어렵지만, 크기를 늘리거나 줄여도 이미지가 깨지지 않으며 형태를 함수로 처리하기 때문에 비트맵 형식보다 용량이 적다. 그렇기에 벡터 그래픽은 애니메이션 제작에서도, 유통에서도 유리한 기술적 기반이 되었다.

플래시의 트윈

트윈

트윈(tween)은 움직임의 변화 과정을 손으로 일일이 그리는 것이 아니라 컴퓨터가 자동으로 처리하여 메꾸는 방법을 뜻한다. 사이를 뜻하는 in-between을 줄여 만든 용어인 트윈은, 기존의 셀 애니메이션 제작 방식에서의 집약적 노동으로부터 탈피하도록 한 중요한 기술이다. 플래시는 당시 기술 중에서 독보적으로 트윈을 지원했다. 프레임 진행을 횡렬로 늘어뜨린 타임라인이나, 움직임 변화 과정의 기준점을 짚는 키프레임 기능은 트윈의 핵심 요소다. 펜과 붓으로 만들어져야 했던 객체의 움직임은 트윈 기술로 인해 컴퓨터의 연산 과정 속의 마찰(friction),

무게(weight), 중력(gravity)과 같은 데이터의 값을 통해 풍부하게 조작이 가능하게 되었다.

만약 공이 상하로 튕기는 애니메이션을 만든다고 했을 때, 공중에 떠 있는 때와 바닥에 부딪힐 때의 공의 위치와 형태를 변형시켜 키프레임으로 우선 지정한다. 그리고 이 키프레임 사이를 트윈 처리하면 애니메이션이 완성된다. 물론 여기서 자연스러운 애니메이션을 연출하기 위해서는 표현을 디테일하게 다듬는 일이 필요하겠지만, 홀로 작업하는 아마추어 제작자에게는 플래시의 트윈 기능은 작업량의 큰 부담을 덜어주었다.

플래시의 트윈에는 크게 두 종류가 존재한다. 첫 번째로 모션 트윈은 객체의 위치를 트윈 하는 것으로, 사용자가 처음과 끝 키프레임에서의 객체의 위치값을 지정하면 키프레임 사이에서의 위치 변화를 자동으로 소프트웨어가 계산하여 처리한다. 예를 들면 자동차가 왼쪽에서 오른쪽으로 이동하는 애니메이션을 제작할 때, 왼쪽의 위치값이 담긴 키프레임과 이동 후 위치값이 변한 키프레임 두 장으로 모션을 처리하는 것이다. 두 번째로 모양 트윈은 이미지의 변형을 소프트웨어에서 처리하는 것으로, 두 개의 키프레임에 동그라미 모양과

별 모양을 두고 그 사이를 모양 트윈 하면, 프레임 변화에 따라 자동으로 동그라미에서 별로 모양이 변화한다고 설명할 수 있다. 이 기능을 활용하여 디자이너들은 드로잉으로 표현하기 어려운 화려한 연출을 할 수 있었다.

플래시의 액션스크립트

액션스크립트

플래시는 스크립트 언어를 통해 이미지를 움직이고 사용자가 화면과 인터랙션 할 수 있었던 것이 특징이다. 스크립트 언어란, 기계어 컴파일 과정을 거치지 않고 내장된 번역기를 거쳐 실행되는 언어를 뜻한다. 스크립트 언어는 HTML에 삽입되어 웹사이트를 제어하는 데에 사용되는 것처럼 다른 응용 소프트웨어를 제어하는 용도이며 빠르고 즉각적으로 실행된다는 장점이 있다.

— R.I.P. FLASH —— 41 —

플래시의 전성기를 이끈 매크로미디어는 2000년 자바스크립트와 비슷한 ECMA 스크립트 계열의 언어 액션스크립트의 1.0 버전을 자체적으로 개발하여 플래시에 활용할 수 있도록 제공했다. 이 스크립트는 플래시 내부의 객체요소인 무비 클립, 프레임, 스프라이트에 붙여 객체별로 모션이나 상호작용을 지시할 수 있었다. 액션스크립트는 훗날 플래시가 웹 브라우저 게임의 대표적인 제작 도구가 될 수 있었던 중요한 요소이다. 액션스크립트의 사용법은 다른 프로그래밍 언어보다 어렵지 않았고, 그래픽 디자이너도 쉽게 다룰 수 있었다. 따라서 일러스트부터 스크립팅까지 한 명이 소화하는 구조가 가능했다.

해가 지나면서 액션스크립트는 버전을 순차적으로 거치며 발전되어왔다. 2003년 플래시 MX 2004에서 액션스크립트 2.0으로 버전이 업데이트되었고, 2007년에 액션스크립트 3.0으로 대대적으로 개편이 되면서 플래시의 프로그래밍 체계를 고도화했다. 객체 지향성을 극대화시켜 클래스, 라이브러리, 코어 인터페이스 기능이 포함하면서 플래시의 활용력은 모션 그래픽의 제어뿐 아니라 서버 네트워킹, 사용자의 PC나 마이크, 카메라까지도 접근할 수 있을 정도로 막강해졌다.

플래시와 플래시 플레이어

플래시와 플래시 플레이어

플래시 플랫폼의 작동은 크게 두 개의 파트로 나뉜다. 콘텐츠를 제작하는 도구인 플래시와 웹 환경에서 플래시 콘텐츠를 재생하는 플래시 플레이어다. 2004년에 출시된 매크로미디어 MX 2004를 사용하여 하나의 애니메이션을 제작한다고 가정했을 때, 만들어진 최종 애니메이션을 내보내면 SWF 확장자를 얻을 수 있다. 그 SWF 파일을 웹사이트에 게시하면 웹 브라우저에 내장된 플래시 플레이어가 SWF 파일을 인식하여 콘텐츠를 재생한다. 플래시가 발전할수록 플래시 플레이어도 함께 버전이 업데이트되었다. 이렇듯 플래시와 플래시 플레이어는 떼려야 뗄 수 없는 관계다. 과거 웹 환경에서 플래시 플레이어는 인터넷 익스플로러와 같은 웹 브라우저에 기본 장착되어있거나 플러그인 설치로 쉽게 추가될 수 있었다. 누구든 별도의 장치 없이 다른 사람의 플래시 콘텐츠를 시청할 수 있었다.

당시 자료에 따르면, 인터넷을 사용하는 90% 이상의 유저가 플래시 플러그인을 사용했다. 그러나 플래시에게 위기가 닥친 2010년대에, 이 플래시 플레이어는 제작 도구 플래시와는 별개로 여러 보안 이슈를 일으키는 매개체로 각인된다.

플래시 사인 분석
→ 누가, 언제, 왜 플래시를 죽였을까?

앞서 서술했듯이 영향력을 키워가며 전성기를 보낸 플래시는 점차 위기를 맞이한다. 여기에서는 플래시의 위기부터 시한부 선고, 그리고 죽음까지의 과정을 다룬다. 기사와 입장문 등 여러 가지 텍스트를 훑어보며 플래시의 문제점으로 부각된 사안들을 다시 파악하고, 이해 관계자들의 입장문을 함께 살피면서 플래시의 죽음을 둘러싼 담론을 분석한다.

플래시의 위기를 보도한 기사 헤드라인

위기의 플래시
어도비 플래시 플레이어 보안 '구멍'
『머니투데이』, 2008년 4월 14일 자

"플래시 취약점 이용한 악성코드 급속 확산"
『아이뉴스24』, 2008년 5월 27일 자

아이폰이 어도비 플래시를 지원하지 않는 세 가지 이유
『블로터』, 2009년 10월 7일 자

어도비 플래시에 치명적인 보안 결함 또 발견
『지디넷코리아』, 2010년 10월 29일 자

어도비 '플래시 플레이어' 신규 보안취약점 발견
『디지털데일리』, 2011년 3월 16일 자

어도비 플래시, 안드로이드와도 결별
『지디넷코리아』, 2011년 11월 23일 자

스티브 잡스가 싫어한 '플래시' 퇴출…HTML5 시대온다
『조선비즈』, 2011년 11월 30일 자

플래시 버린 유튜브, 구글이 노리는 것은?
『지디넷코리아』, 2015년 1월 30일 자

구글 크롬, 어도비 플래시 표시 자동 제한
『한국일보』, 2015년 6월 7일 자

R.I.P. FLASH — 47

어도비 플래시 시대 끝나나…플래시 퇴출 요구 기업 속출
『이투데이』, 2015년 7월 15일 자

구글도 등 돌린 '어도비 플래시'… 이유는
『IT조선』, 2016년 5월 17일 자

어도비 플래시, 아직도 안지우셨나요?
『조선비즈』, 2021년 1월 4일 자

추억의 플래시, 이제는 보안구멍… 삭제 안하면
악성코드 통로
『뉴스1』, 2021년 1월 12일 자

업데이트를 거듭했던 플래시는 점점 막강한 기술이 되었다. 특히 액션스크립트 기능을 대폭 확장하면서 초기에는 그래픽 툴에 불과했던 플래시는 서버 네트워킹까지 가능한 강력한 메타 미디엄이 된다. 하지만 플래시의 힘과 가능성은 역으로 해커들의 좋은 먹잇감이 되었다. 해커들은 액션스크립트를 활용하여 다른 사람의 PC에 접근할 수 있다는 점을 악용하기 시작했다. 강점이 어느 순간부터 가장 치명적인 약점이 된 것이다.

보안 문제는 플래시를 몰락시킨 가장 큰 원인이었다. 해커가 웹사이트에 몰래 악성코드를 삽입해놓은 뒤 웹사이트 방문자의 PC를 감염시키는 방식이 당시에는 널리 쓰였다. 사용자가 웹사이트에서 감염된 플래시 파일(SWF)을 다운로드받거나, 이메일에 첨부된 것을 열었을 때 피해가 발생하는 식이다(『머니투데이』, 2008년 4월 14일 자). 액션스크립트의 일부 기능을 악용한 것인데, 일례로 1231.swf, 1232.swf와 같은 플래시 파일을 다운받고 실행하면 사용자의 컴퓨터를 감염시키는 orz.exe라는 파일이 자동으로 다운로드 및 실행됐다(『아이뉴스24』, 2008년 5월 27일 자). 이러한 드라이브 바이 다운로드(drive by download) 공격 방식에서 사용자는 감염 사실을 인지하기 어렵다. 더 악화된 방법으로는 악성코드가 삽입된 웹사이트에서 아무런 다운로드 없이 단순 접속만으로도 바이러스에 감염될 수가 있었다(『IT조선』, 2016년 5월 17일 자). 이러한 문제가 지속되자 크롬(Chrome)과 같은 웹 브라우저는 플래시 파일을 다운받기 전에 사용자에게 경고하면서 확인 여부를 묻는 과정을 추가로 거치는 방침을 내놓았다.

플래시는 범용 소프트웨어로 다른 프로그램들과 호환성이 높았다. 이러한 특성도 악용되었는데,

플래시와 연계하여 특정 프로그램을 통해 악성코드를 유포한 것이다. 어도비의 PDF 리더에서 플래시 콘텐츠를 처리하는 authplay.dll 파일은 원래 의도대로 사용된다면 PDF 내에서 플래시를 실행할 수 있는 편리한 기능이지만, 해커들은 이 호환 기능으로 악성 플래시 파일을 자동 실행시키도록 악용하여 사용자의 컴퓨터에 원격 코드를 실행했다(『지디넷코리아』, 2010년 10월 29일 자). 어도비의 제품군뿐만 아니라, 플래시 파일이 삽입된 엑셀 파일을 열었을 때 피해가 발생한 경우도 있었다(『디지털데일리』, 2011년 3월 16일 자).

플래시의 보안 문제에서 발견되는 주요 키워드는 제로 데이(zero-day)다. 제로 데이란 소프트웨어의 취약점이 발견되었지만, 개발사가 해당 결점을 수정한 신규 패치를 아직 배포하기 전 상태를 뜻한다. 공격이 발생하고 있지만 막을 수 없는 속수무책의 상황인 것이다. 플래시가 널리 쓰이던 긴 시간 동안 해커들의 제로 데이 위협과 어도비의 긴급 패치 조치가 여러 차례 반복되었다. 따라서 어도비나 웹 브라우저 공급 업체 및 백신 업체들은 보안 약점을 보완한 업데이트가 배포되기 전까지 사용자에게 스스로 보안을 강화할 수 있게끔 대처법을 매번 공지할 수밖에 없었다. 플래시의 보안 취약은 플래시를 둘러싼 수많은 웹 서비스 업체들의 불안감으로 이어졌다.

또 다른 키워드는 구버전 플래시의 취약점을 이용한 멀버타이징(Malvertising)이다. 광고(advertising)를 통한 악성코드(malware)의 전달을 뜻하는 이 방식은 상당히 체계적인 구조로 되어 있다. 우선 해커가 광고 제공자의 웹 서버를 악성코드에 감염시키면, 그 악성코드는 해당 광고 서버를 통해 송출되는 플래시 광고 배너를 본 사용자 PC의 플래시 플레이어 버전을 체크한다. 만약 사용자의 플래시 플레이어가 약점이 남아있는 구버전으로 체크되었다면, 그때부터 악성코드 공격을 시작한다. 설치되는 악성코드는 랜섬웨어, 백도어, 암호화폐 채굴 악성코드, 키로거(키보드 입력정보 탈취) 등으로 다양했다(『뉴스1』, 2021년 1월 12일 자).

커뮤니티에 퍼진 랜섬웨어
클리앙發 악성코드 대란…'크립토 락커' 관심 집중
『쿠키뉴스』, 2015년 4월 21일 자

'랜섬웨어' 커뮤니티 사이트 통해 또 유포…한국 겨냥 지속 공격 예고
『전자신문』, 2015년 4월 23일 자

뽐뿌의 랜섬웨어 대량 유포사태…대형 광고 플랫폼 노려
『보안뉴스』, 2016년 6월 7일 자

2010년대 중반에는 플래시를 통한 랜섬웨어 감염이 전세계적으로 확산하고 있었고, 한국도 예외는 아니었다. 많은 사람이 드나들던 큰 온라인 커뮤니티에서 피해가 발생하기도 했다. 2015년 4월 21일 새벽, 온라인 커뮤니티 클리앙(Clien)에 악성코드가 유포되었다. 인터넷 익스플로러와 플래시 플레이어의 약점을 노린 악성코드 공격 사례였다. 몇 시간 만에 해당 문제는 제거되었지만, 그 사이에 인터넷 익스플로러로 웹사이트를 방문한 사람들에게 악성코드가 감염되었을 가능성이 있었다. 그때 유포된 랜섬웨어는 크립토 락커(CryptoLocker)로, 해커들은 이를 통해 사용자 PC의 파일을 암호화하여 인질로 잡고 비트코인 등의 대가를 요구했다(『쿠키뉴스』, 2015년 4월 21일 자).

클리앙을 통해 악성코드가 퍼져나간 며칠 뒤 음향 기기 전문 커뮤니티 시코(Seeko)도 랜섬웨어가 유포된 정황을 적은 공지를 올렸다. 감염 통로는 커뮤니티에 삽입된 플래시 광고였다(『전자신문』, 2015년 4월 23일 자). 플래시 광고를 통한 랜섬웨어 유포 상황이 심각해지자, 구글(Google)의 웹 브라우저 크롬은 화면에서 중요하지 않은 플래시 콘텐츠를 자동으로 감지하여 먼저 중지시키고, 사용자가 원한다면 클릭하여 재생할 수 있게 하는 기능을 추가했다(『한국일보』, 2015년 6월 7일 자).

국내 커뮤니티의 랜섬웨어 집단 감염 사태를 겪은 1년 뒤, 온라인 커뮤니티 뽐뿌에 삽입된 플래시 광고를 통해서 랜섬웨어가 유포되는 사건이 또다시 발생했다. 당시 기사에 따르면, 랜섬웨어 감염은 단순히 하나의 커뮤니티만이 아니라 동일한 웹 광고 서버를 이용하는 여러 웹사이트에서 동시에 일어난 것이었다(『보안뉴스』, 2016년 6월 7일 자). 이렇듯 플래시가 악성코드의 감염 경로로 악용되면서 점차 플래시에 대한 부정적인 인식이 널리 퍼지게 되었다.

모바일의 흐름과 플래시

애플(Apple)은 아이폰의 초기 단계부터 플래시를 지원하지 않았다. 모바일 기기가 플래시를 구동할 수 없는 하드웨어라는 이유에서였다(『블로터』, 2009년 10월 7일 자). 구글은 안드로이드 4.0 버전을 마지막으로 더는 모바일용 플래시 플레이어를 지원하지 않기로 했다(『지디넷』, 2011년 11월 23일 자). 2005년 설립 당시 플래시를 영상 재생 기술로 사용했던 유튜브 역시, 2015년 플래시를 없애고 개방형 웹 표준으로 기술을 교체했다. 플래시 API에서 IFrame API로 기술 사용을 전환한 것인데, 이렇게 함으로써 PC와 모바일 간의 경계 없이 영상을 즐길 수 있게 했다(『지디넷코리아』, 2015년 1월 30일 자).

스티브 잡스의 플래시 관련 입장문(영문, 현재 원본 삭제)

2010년 4월 29일, 애플의 최고경영자 스티브 잡스(Steve Jobs)는 "플래시에 대한 생각"(Thoughts on Flash)이라는 글을 올린다.
스티브 잡스는 애플이 어도비와 좋은 협력 관계에
있었으나, 어느 순간부터 갈라지기 시작했다는 이야기로
글을 시작한다. 그리고는 어도비의 여러 제품 중 특히
플래시에 관해서 비판적이라는 말과 함께, 플래시가
가진 문제점을 6개로 나누어 조목조목 나열한다.
다음은 글의 일부분을 요약하여 번역한 것이다.

1. 플래시의 시스템은 어도비로부터 독점적으로 제어되기 때문에 폐쇄적이다. 애플의 제품들도 독점이지만 개방적 웹 표준을 선택하고 있고, 심지어 애플은 자체 제작한 렌더링 엔진을 다른 회사들과 공유한다.

2. 플래시가 없어도 동영상과 게임을 즐길 수 있다. 유튜브는 애플리케이션으로 제공되고 있고, 이미 앱스토어에는 5만 개 이상의 게임이 올라와 있다.

3. 플래시의 보안 문제는 오랫동안 플랫폼을 불안하게 했다. 모바일 사업에서 빠른 혁신을 지향하는 애플은 더는 플래시의 대처를 기다릴 수 없다.

4. 플래시의 동영상 처리 방식은 H.264 표준이 아니기 때문에 배터리 소모가 심해 현재 모바일 기기 상황과 맞지 않다. 반면 애플의 제품은 H.264 표준과 호환이 좋다.

5. 플래시로 제작한 웹사이트는 대부분 마우스 사용에 최적화되어있다. 애플의 혁명적인 멀티 터치 방식은 마우스의 문법과 맞지 않다.

6. 애플이 플래시를 지원할 수 없는 가장 중요한 이유는, 플래시가 지향하는 크로스 플랫폼적 특성이 역설적으로 개발자들을 플래시에만 몰두하게 만들어서 개발자들이 제3자의 위치에 머물게 하기 때문이다. 애플은 개발자들을 좀 더 직접적이고 빠르게 지원하고 싶다.

잡스는 글 전체적으로 애플을 모바일 중심의 좀 더 혁신적 비전을 가진 곳으로, 플래시를 PC 중심의 대처가 느린 회사로 대조했다. 글 후반부에 잡스는 아이폰 및 아이패드 등 애플의 제품에 더이상 플래시의 사용을 불허한다고 선언한다. 플래시는 PC 시대의 유물로서 모바일과 공생 할 수 없는 관계라는 이유였다.

스티브 잡스의 공식적인 입장이 온라인에 올라온 뒤,
IT업계를 중심으로 플래시에 대한 부정적인 분위기가
일파만파 퍼지기 시작했다. 이전에도 플래시의 보안
문제나 폐쇄성이 충분히 문제시되어왔고, 웹 브라우저
제공 업체들은 이미 피로감을 느끼고 있었지만, 모바일
사업 선두주자인 애플이 플래시 퇴출 담론을 주도했던
것이 플래시 몰락의 기폭제가 되었다.

어도비의 시한부 선고와 그에 대한 반응

2017년 7월 25일, 어도비의 공식 입장이 발표되면서
플래시의 좌충우돌 역사는 종지부를 향해 달려간다.
바로 플래시 단종(end-of-life) 선언이다. 어도비의
발표일로부터 이틀에 걸쳐 기술 협력 관계에 있던 구글,
페이스북, 마이크로소프트, 모질라(Mozilla), 그리고
유니티(Unity)는 입장문을 공개했다. 이 회사들은
플래시가 그동안 웹을 발전시킨 공을 치하하고,
플래시가 사라진 이후 달라질 세상에 대한 자사의
대처 방안에 대해 이야기한다. 그들의 글은 기본적으로
고객을 안심시키기 위한 서비스 안내문의 성격을 가지고
있지만, 오랜 친구인 플래시를 떠나보내는 편지처럼
보이는 지점도 가지고 있다.

아래에 당시 공식 발표 자료들의 전문을 번역하여 담아낸다. 각 플랫폼의 입장문을 통해, 플래시를 서비스 종료해야 하는 다원적인 원인과 입장, 그리고 각기 다른 심상을 자세히 엿볼 수 있다.

어도비

플래시와 인터랙티브 콘텐츠의 미래

Flash & the Future of Interactive Content

플래시 단종에 관한 어도비 공식 발표문(영문)

어도비 커뮤니케이션 팀

Adobe Communication Team

2017년 7월 25일

어도비는 동영상에서 게임에 이르기까지 웹에서 상호작용성과 창의적인 콘텐츠를 발전시키는 데 주도적인 역할을 오랫동안 해왔습니다. 우리는 콘텐츠와 상호작용성을 발전시켜야 할 필요성을 확인했고, 그 요구를 충족하기 위해 혁신을 거듭해왔습니다. 포맷이 정립되지 않았을 때 우리는 플래시나 쇼크웨이브 같은 새로운 형식을 발명했습니다. 시간이 지나면서 웹은 진화했고, 이 새로운 형식들은 커뮤니티에 의해 채택되었습니다. 때에 따라서는 웹 표준의 기반이 되거나 필수 영역이 되었습니다.

그러나 HTML5, WebGL과 웹어셈블리(WebAssembly)와 같은 개방형 웹 표준이 지난 몇 년에 걸쳐 성숙함에 따라, 이들의 대부분은 플러그인이 개척했던 역량과 기능을 제공하고 웹 콘텐츠를 위한 대체재가 되었습니다. 시간이 지나면서 우리는 도우미 앱이 플러그인으로 발전하는 것을 보았고, 최근에는 이러한 플러그인의 상당수가 개방형 웹 표준에 통합되는 것을 보았습니다. 오늘날 대부분의 웹 브라우저 공급업체는 플러그인을 더이상 사용하지 않고, 플러그인이 제공했던 기능들을 직접 통합하고 있습니다.

이러한 과정에서 어도비는 애플, 페이스북, 구글, 마이크로소프트, 모질라를 비롯한 우리의 기술 파트너들과 협력하여 플래시의 단종(end-of-life)을 계획하고 있습니다. 특히 우리는 2020년 말이 되면 플래시 플레이어의 업데이트와 배포를 중단하고 콘텐츠 제작자들이 기존의 플래시 콘텐츠를 새로운 개방형 포맷으로 이주할 수 있도록 권장할 것입니다.

게임, 교육, 동영상 등 몇몇 산업들은 플래시 기술을 중심으로 구축되었습니다. 우리는 고객과 파트너가 이주 계획을 실현할 수 있도록 2020년이 될 때까지 플래시를 유지하기 위한 노력을 하고 있습니다. 이 단종 계획을 통해, 어도비는 현재 플래시 콘텐츠를 지원하는 주요 운영체제와 브라우저들을 지속적으로 지원할 예정입니다. 정기적인 보안 패치와 운영체제 및 브라우저 호환성 유지, 그리고 필요에 따라 기능을 추가하는 일이 포함될 것입니다.

우리는 플래시 콘텐츠의 보안과 호환성을 유지하기 위해 애플, 페이스북, 구글, 마이크로소프트, 모질라를 비롯한 파트너들과 협력하기 위해 최선을 다하고 있습니다. 게다가 저작권이 없고 오래된 버전의 플래시 플레이어가 배포되는 특정한 지역에서 더욱 적극적으로 플래시의 단종을 이끌어갈 것입니다.

또한 우리는 새로운 웹 표준 개발에 앞장서서 적극적으로 동참할 것입니다. 여기에는 HTML5

표준에 기여하는 것과 웹어셈블리 커뮤니티 그룹에 참여하는 일이 포함됩니다. 그리고 우리는 어도비 애니메이트(Adobe Animate) 프리미어 프로(Premiere Pro)와 같은 최고의 애니메이션 및 동영상 제작 도구를 지속해서 제공할 것입니다.

앞으로 어도비는 디자이너와 개발자가 웹용 콘텐츠를 멋지게 만들 수 있도록 최고의 도구와 서비스를 이어나갈 것입니다.

구글

크롬에서 플래시에게 보내는 작별 인사
Saying goodbye to Flash in Chrome

플래시 단종에 관한 구글의 공식 발표문(영문)

앤서니 라포지,
구글 크롬 프로젝트 매니저

R.I.P. FLASH — 61

Anthony Laforge,
Chrome Project Manager, Google
2017년 7월 25일

오늘, 어도비가 2020년 말에 플래시 지원을 종료한다는 계획을 발표했습니다.

20년 동안, 플래시는 우리가 웹상에서 게임을 하고, 동영상을 시청하고, 애플리케이션을 실행할 수 있도록 도와줬습니다. 그러나 지난 몇 년 동안, 플래시는 점점 덜 보편화되었습니다. 3년 전, 크롬 데스크톱 유저의 80%가 매일 플래시에 방문했습니다. 오늘날 그 사용량은 17% 뿐이며 감소세는 지속되고 있습니다.

이러한 경향은 웹사이트들이 플래시보다 더 빠르고 효율적인 개방형 웹 기술로 이주한다는 것을 보여줍니다. 그 기술들은 더욱 견고하기 때문에 당신은 더욱 안전하게 쇼핑을 하고, 금융업무 보거나, 민감한 정보를 읽을 수 있습니다. 또한 모바일과 데스크톱을 가리지 않고 자유로워 당신이 좋아하는 웹사이트를 어디에서나 방문할 수 있습니다.

지난 해 말부터 플래시가 구동될 때 크롬이 당신에게 허용 여부를 묻도록 하면서, 개방형 웹 기술은 기본적인 경험이 되었습니다. 크롬은 다음 몇 년에 걸쳐 단계적으로 플래시를 중단할 것입니다. 우선 당신에게 플래시 구동 여부를 묻는 것부터 시작해서, 최종적으로는 플래시가 실행되지 않는 상태를 기본값으로 만들 것입니다. 우리는 2020년 말까지 플래시를 크롬에서 완전하게 제거할 예정입니다.

당신이 아직도 플래시를 사용하는 웹사이트를 주기적으로 방문하고 있다면, 플래시의 지원 중단이 당신에게 어떠한 영향을 미치는지 궁금할 것입니다. 만약 그 웹사이트가 개방형 웹 표준으로 이주하면, 더이상 플래시 허용 여부를 묻는 알림창이 뜨지 않는다는 점을 빼고 당신은 큰 차이를 느끼지 못할 겁니다. 그 웹사이트가 플래시를 계속 사용한다면, 당신이 허용하는 한 2020년 말까지 작동합니다.

웹이 플래시가 없는 상태가 되도록 하기 위해 다른 웹 브라우저들, 주요 퍼블리셔들은 어도비와 굉장히 긴밀하게 협력을 했습니다. 우리는 어도비의 금일 발표를 지지하며 앞으로 더 나은 웹을 만들기 위해 모든 이들과 협력하기를 기대합니다.

페이스북

페이스북 게임을
플래시로부터 개방형 웹 표준으로 이주시키기
Migrating Games from Flash to Open Web
Standards on Facebook

플래시 단종에 관한 페이스북의 공식 발표문(영문)

야쿱 푸델렉, 페이스북
Jakub Pudełek, Facebook
2017년 7월 25일

금일 어도비는 2020년 말에 플래시 플레이어의
업데이트 및 배포를 중단할 계획이라고 발표했습니다.
페이스북은 어도비, 애플, 구글, 마이크로소프트,
모질라, 그리고 유니티와 협력하여 플래시를 사용하는
개발자를 위한 이주 경로를 만들고 있습니다.

게임에서 개방형 웹 표준의 발전

WebGL 및 HTML5과 같은 개방형 웹 표준은 플래시에서 제공되었던 게임 개발 기능을 지원하기 위해 빠르게 발전했습니다. 플래시의 생애 주기가 다 되어가는 것이 이제 눈앞에 선명하게 보입니다.

그 결과로, 우리는 게임 개발자들이 HTML5 기준에 부합한 게임을 페이스북 플랫폼에 공급할 수 있도록 지원해왔습니다. 오늘날 200개가 넘는 HTML5 게임들이 페이스북 플랫폼에 올라왔으며, 이들의 대부분은 작년에 출시된 것들입니다. 킹(King), 플라리움(Plarium) 등 대형 게임 개발사들은 기존 고객에게 미치는 영향을 최소화하며 플래시에서 HTML5로 1개 이상의 게임을 이주시켰습니다.

이미 플래시에 내장된 웹 게임들

페이스북에서 플래시에 내장된 기존 웹 게임들은 2020년이 끝날 때까지 실행될 것입니다. 우리는 개발자들이 브라우저의 일정을 따를 것을 강력히 권장합니다. 가장 첫번째 이정표는 2018년 여름 크롬이 플래시 기반의 콘텐츠를 클릭하여 재생하도록(click-to-play) 하는 조치가 될 것입니다. 이와 같은 브라우저별 타임라인을 자세히 알아보려면 애플, 구글, 마이크로소프트, 모질라의 공식 발표를 확인하십시오.

개발자들이 각자의 이주 경로를 따져볼 때, 다음과 같은 옵션이 붙습니다.

- HTML5 기술: 오늘날 주요 브라우저들이 플러그인 없이 기본으로 지원합니다. HTML5는 웹 게임 개발에서 가장 좋은 방식이 되고 있습니다. 방대한 범위의 엔진과 도구가 사용가능하며, 플래시에서 HTML5로 이주하는 방법이 나와 있습니다.
- 게임룸: 페이스북 데스크탑 게임 앱의 게임룸에서 게임 플레이가 가능하도록 할 수 있습니다. 게임룸은 cocos2D, HTML5, 유니티(Unity), 언리얼(Unreal), WebGL을 포함한 각종 게임 엔진과 표준들로 네이티브 또는 웹 포맷으로 제작된 게임을 지원하기 위해 마련되었습니다.
- 더 많은 이주 지원: 우리의 웹 게임 개발자들을 지원하기 위해 더 나아가 우리는 다음과 같은 자원들을 제공합니다. (우리의 유니티 WebGL 가이드, 연습 웨비나를 참고하세요)

Facebook.com 을 위한 새로운 게임을 개발 중인 개발자들에게 우리는 개방형 웹 표준을 사용할 것을 강력하게 추천합니다.

2020년으로 향해 가면서, 브라우저들의 후속적인 데드라인에 맞추어 우리는 기술 이주 경로 위에서 개발자들에게 자원을 제공하며 도울 것입니다.

오늘의 소식이 웹과 데스크탑 게이밍의 지속적인 발전에 표식을 남겼습니다. 우리는 개발자들이 페이스북에서 게임 경험을 지켜나갈 수 있도록 협력하겠습니다.

<mark>마이크로소프트</mark>

한 시대의 끝 - 어도비 플래시의 다음 도약

The End of an Era - Next Steps for Adobe Flash

플래시 단종에 관한 마이크로소프트의 공식 발표문(영문)

R.I.P. FLASH — 67

존 헤이즌,
마이크로소프트 엣지 수석 프로그램 매니저 리드
John Hazen, Principal Program Manager Lead,
Microsoft Edge
2017년 7월 25일

오늘, 어도비는 2020년이 지나면 더이상
플래시를 지원하지 않을 것이라고 발표했습니다.
마이크로소프트는 기일 이전에 엣지(Edge)와 인터넷
익스플로러에서 플래시 지원을 점차 중단할 것입니다.

플래시는 웹을 풍부한 콘텐츠, 게이밍, 애니메이션,
그리고 그 외의 모든 종류의 미디어를 위한 곳으로
이끌었으며 HTML5와 같은 현재 웹 표준의 영감을
주었습니다. 어도비는 마이크로소프트, 구글, 모질라,
애플, 그리고 다른 이들과 개방형 웹이 플래시가
전통적으로 제공했던 경험에 준하거나 뛰어넘을 수
있도록 협력해왔습니다. HTML5 기준은 현대의 모든
브라우저에 내장되어있고, 발전된 성능과 배터리 수명,
강화된 보안에 관한 기능들을 제공합니다. 우리는
어도비를 비롯한 우리의 산업 파트너들과 함께 플러그인
없이도 개방형 웹을 풍부하게 만들어 나가길 기대합니다.

우리는 마이크로소프트 엣지와 인터넷 익스플로러에서 플래시를 순차적으로 제거하여 2020년 말까지 완전히 지워낼 예정입니다. 이 과정은, 클릭을 해야 플래시가 실행될 수 있도록 윈도우 10에서 마이크로소프트 엣지를 업데이트 한 조치로 이미 시작되었습니다. 이 과정은 다음과 같은 계획으로 진행됩니다.

- 2017년 말에서 2018년으로 접어들 때, 마이크로소프트 엣지는 유저에게 플래시를 사용하기 전에 허용 여부를 물을 것입니다.
- 2018년 중반과 후반에 마이크로소프트 엣지는 매 세션마다 플래시를 허용할 것인지 유저에게 물을 것입니다. 인터넷 익스플로러에서는 2018년까지 모든 웹사이트에서 플래시가 사용 가능합니다.
- 2019년 중반과 후반에는, 마이크로소프트 엣지와 인터넷 익스플로러에서 플래시 사용 불가를 기본 설정으로 할 것입니다. 유저는 플래시를 사용하도록 다시 설정할 수 있습니다.
- 2020년 말까지, 우리는 마이크로소프트 엣지와 인터넷 익스플로러에서 플래시 기능을 제거할 것이며, 사용자는 더이상 플래시를 활성화하거나 실행할 수 없습니다.

이 타임라인은 구글, 모질라, 애플을 포함한 브라우저 간에 교차하여 적용됩니다. 우리는 모두를 위한 웹의 미래를 발전시키기 위해 어도비와 다른 브라우저 공급업체, 퍼블리싱 커뮤니티과 긴밀한 협력을 계속하길 기대합니다.

모질라

플래시 단종에 관한 파이어폭스의 로드맵

Firefox Roadmap for Flash End-of-Life

플래시 단종에 관한 모질라의 공식 발표문(영문)

벤자민 스메드버그, 파이어폭스

Benjamin Smedberg, Firefox

2017년 7월 25일

오늘 아침, 어도비는 2020년 말에 플래시의 지원을 종료하겠다는 로드맵을 발표했습니다. 모질라는 어도비 및 다른 브라우저 공급업체들과 협력하면서, 파이어폭스에서 플래시가 지원되는 로드맵과 웹사이트 관리자가 플래시 기술로부터 전환하는 것의 가이드를 준비해왔습니다. 모질라는 어도비의 공식 발표가 나오기 몇 년 전에 이미 사용자들에게 공지하고 전환 옵션을 제공했으며, 이 전환 과정을 신중하게 관리함으로써, 모두를 위해 웹이 더 빠르고, 더 안전하고, 더 나아질 수 있도록 도움을 드릴 것입니다.

계속해서 플래시에 의존하는 웹사이트 관리자와 이용자에게 이용 지침을 제공하기 위해 모질라는 파이어폭스에 게시된 플래시의 로드맵을 업데이트했습니다. 다음 달부터 이용자는 어떤 웹사이트에서 플래시 플러그인을 가동할지를 선택할 수 있게 될 것입니다. 2019년에 대부분의 이용자에게 디폴트 옵션으로 제공되었던 플래시 이용은 비활성화될 것입니다. 그리고 파이어폭스 ESR(Extended Support Release)을 사용하는 이용자만이 플래시를 2020년 말까지 계속 이용할 수 있을 것입니다. 이용자들의 보안을 지키기 위해서, 어도비 보안 패치가 지원되지 않은 플래시를 파이어폭스는 플러그인으로 불러오지 않을 것입니다.

R.I.P. FLASH

파이어폭스 성능 및 보안 개선의 일환으로, 파이어폭스 이용자는 올해 어떤 웹사이트의 플래시 플러그인 사용을 허가할 것인지 선택할 것입니다. 이 선택은 빠른 속도의 최신 HTML 사이트들을 빛나게 하면서 동시에 이용자들에게 플래시를 요구하는 레거시 사이트들도 계속 이용할 수 있도록 합니다. 이 변경 사항은 작년에 발표되었으며, 다음달부터 파이어폭스에서 실효성을 가집니다. 파이어폭스 이용자는 여전히 플래시를 필요로 하는 특정 웹사이트에서 플래시 이용을 활성화할 수 있습니다. 금일 파이어폭스 베타를 다운로드하고 파이어폭스 애드온 관리자에서 플래시 설정을 변경하여 이러한 동작을 테스트하는 것이 허용됩니다. 각 브라우저가 이 기능을 조금씩 다르게 구현하기 때문에, MDN 웹 문서는 주요 웹 브라우저 간의 플래시 활성화의 차이점을 목록으로 제공할 것입니다.

수년에 걸쳐 플래시는 미디어와 애니메이션에서 혁신을 일으키며 웹을 위대하게 만들었고, 궁극적으로 핵심 웹 플랫폼에 내장되었습니다. 플래시의 죽음은 플래시 포맷으로 제작된 레거시 디자인과 콘텐츠를 HTML과 웹 기술을 사용하여 새로운 시대로 가져올 기회를 제공합니다. 만약 당신이 현재 플래시를 사용하여 동영상, 게임, 채팅, 파일 업로드, 클립보드 액세스를 구현한 웹사이트의 관리자라면, 이제 웹 플랫폼에는 이러한 모든 작업을 수행할 수 있는 빠르고 안전하며 안정적인 기능이 있습니다. 브라우저 제작사는 웹사이트 관리자가 플래시에서 개방형 웹으로 전환하는 데 도움이 되는 가이드를 준비해왔습니다. 이러한 전환 가이드는 MDN 웹 문서를 통해 제공되어 있고, 훌륭한 경험을 만드는 데 도움이 되는 웹 플랫폼으로 전환할 수 있는 오픈 웹 API나 라이브러리, 프레임워크와도 연결되어 있습니다.

이전에 플래시로 게임을 제작했던 게임 개발자들은 HTML로 빠르게 전환하여 훌륭한 결과를 얻고 있습니다. 지난주에 콩그리게이트(Kongregate)는 HTML로의 전환과 웹 게임 플랫폼에서 사용된 게임 기술의 동향에 관한 데이터를 발표했습니다. 모질라는 게임 퍼블리셔와 개발자가 웹 게임의 상태를 발전시킬 수 있도록 긴밀하게 협력하고, 개발자들이 네이티브에 가까운 성능을 달성할 수 있도록 하는 웹어셈블리와 같은 기술을 지속해서 개발하고 있습니다. 훌륭한 웹 게임 구축에 대한 자세한 내용은 MDN 웹 문서를 참조하십시오.

올해, 파이어폭스는 그 어느 때보다 빨라질 것입니다. 플래시 사용량을 줄이는 방안은 이제 웹과 파이어폭스를 함께 개선하는 중요한 일이자 2019년과 2020년에 플래시의 종료에 대한 지원책입니다. 이용자가 기대하는 보안과 개인 정보 보호 기능은 새로운 인터페이스 및 추가된 기능들과 결합하여 파이어폭스 이용자의 브라우저 경험을 간소화하고 현대화할 것입니다.

유니티

유니티와 포스트-플래시 세계에서 콘텐츠 창작

Unity and creating content in a Post-Flash World

플래시 단종에 관한 유니티의 공식 발표문(영문)

닉 랩, 유니티
Nick Rapp, Unity
2017년 7월 26일

지금쯤이면 어도비, 마이크로소프트, 페이스북, 구글, 그리고 모질라를 비롯한 많은 친구가 플래시를 지원하지 않겠다는 계획을 발표한 것을 보셨을 겁니다. 당신이 웹 콘텐츠 제작자라면 이 소식은 그렇게 놀랍지 않을 겁니다. 국제적 추세는 한동안 폐쇄형 브라우저 플러그인에서 멀어져 왔습니다. 우리는 2013년에 플래시를, 2016년에 유니티 웹 플레이어를 스스로 지원 중단했습니다. 플래시의 경우에는, 지원 중단과 관련한 특정한 정보를 미리 공개해서 업계가 포스트-플래시 세계를 대비할 수 있도록 했기에 특히 주목할 만합니다.

인터랙티브 웹 콘텐츠를 유니티로 창작하기

업계가 플래시라는 페이지를 넘겼기 때문에 유니티는 WebGL을 통한 인터랙티브 웹 경험을 계속 지원할 것입니다. 우리는 WebGL을 2015년부터 빌드 대상으로 공식 지원했으며 그 이전에도 사양을 만드는 데 도움을 주었습니다. 오늘날 우리는 브라우저 동료인 구글, 마이크로소프트, 모질라, 애플과 적극적으로 협력하여 호환성과 최적의 경험을 보장하고 있고, 앞으로도 그럴 것입니다.

우리는 산업과 협력하면서 계속해서 스스로의 성취를 더해가고 있습니다. 최근에는 더 빠른 시작 시간과 더 나은 성능을 약속하는 웹어셈블리에 대한 지원을 추가했습니다. 이렇게 함으로써 유니티는 게임 체인저가 될 수 있습니다. 또한 우리는 더 나은 그래픽을 위해 선형 렌더링 기법을 도입했습니다. 이렇게 새로운 기능을 추가하는 것 외에도 우리의 기술 구현과 성능의 최적화를 지속하고 있습니다. 물론 메모리, 스레딩 등 여전히 몇 가지 한계점이 있고, 이것들은 32비트 브라우저 및 모바일 장치에서 성능의 문제로 나타날 수 있습니다. 엔드 유저들이 64비트 브라우저와 더 강력한 모바일 장치를 채택함에 따라, 우리는 어느 정도 유기적인 해법이 있을 것으로 기대합니다. 더 나아가, 우리는 브라우저가 WebGL 및 웹어셈블리 구현을 지속적으로 개선하기를 기대합니다. 우리는 특히 더 나은 성능의 네이티브 멀티스레딩을 가능하게 하는 SharedArrayBuffer를 지원할 수 있어 기쁩니다.

오늘날 이 모든 것의 결과, 유니티의 WebGL 내보내기를 통해 당신은 유니티가 다른 플랫폼을 지원하듯 유니티 프로젝트를 웹에 배포할 수 있습니다.

지금 WebGL과 유니티로 무엇을 할 수 있는지 확인하고 싶은가요? Made with Unity 웹사이트에서 웹 게임들을 확인하십시오.

미래를 위한 생각

산업이 빠르게 변화하고 있고 앞으로도 계속 변화할 것이지만, 우리는 매우 중요하게 지원해야 하는 플랫폼이 웹이라는 것을 믿습니다. 유니티는 다양한 플랫폼을 지원하며 우리의 이름을 알려왔습니다. 언제나 그렇듯 우리는 모바일, 웹, VR, 그리고 아마도 이 세 가지 모두를 단일 경험으로 만들고자 하는 플랫폼과 기술을 지원함으로써 여러분 모두를 지원하는 게임 개발 민주화(Democratize Game Development)의 사명을 계속할 것입니다!

플래시의 자리를 대체하는 알림창들

어도비의 공식 발표와 주변 회사들의 이별 통보 이후, 플래시의 사망 절차는 두 차례에 걸쳐 진행되었다. 어도비가 업데이트와 같은 공식적인 서비스 지원을 종료하는 시점은 2020년 12월 31일, 이후 브라우저에서 플래시 콘텐츠가 전면 차단되는 시점은 2021년 1월 12일로 공지되었다. 이제는 웹에서 플래시 플레이어를 작동시킬 수 없다. 플래시가 삽입되었던 자리는 회색으로 칠해졌고 "이 플러그인을 이용할 수 없습니다"라는 하나의 문장만이 보인다. 이렇게 플래시는 1996년부터 2021년까지 약 25년간의 삶을 끝내고 우리 곁을 떠났다.

플래시의 죽음 이후
→ 플래시와 아카이브 실천

플래시 플레이어가 단종되고 웹에 있던 플래시 콘텐츠들은 설 자리를 잃어버렸다. 작동되지 않는 데이터 더미가 되어버린 것이다. 물론 컴퓨터 하드디스크에 SWF 파일을 가지고 있다면 오프라인 플레이어를 사용하여 콘텐츠를 재생시킬 수 있다. 하지만 웹 환경의 일부였던 콘텐츠를 오프라인에서만 재생할 수 있다면 제대로 작동한다고 볼 수 없을 것이다. 물론 문화사적 의미를 가지는 콘텐츠를 보존하는 차원에서 그렇게라도 보관되는 것이 중요하지만, 파일을 가진 개인들에게 책임을 요구하기는 어려운 일이다.

설상가상으로 기존의 플래시 콘텐츠를 제공하던 플랫폼과 커뮤니티 사이트는 플래시 콘텐츠의 쇠락과 함께 대부분 운영을 중단했다. 플래시 플레이어의 서비스 종료뿐만 아니라, 게임 콘텐츠의 심의규정을 강화하는 법안이 적용되면서 개인 창작자들이 주를 이뤘던 플래시 게임 창작 문화에도 타격을 받았기 때문이다. 다행히 2019년 6월 이후로 취미 활동 일환으로 제작한 게임은 심의를 면제받도록 개정되었지만, 이미 플래시의 위상이 떨어지고 있던 상황에서 플래시 커뮤니티들의 폐쇄는 돌이킬 수 없었다.

그러나, 이러한 조건 속에서도 플래시 콘텐츠를 보존하기 위한 아카이브 실천은 세계 곳곳에서 발견된다. 비영리 재단, 웹 개발자, 콘텐츠 창작자, 그리고 플래시를 기억하려 하는 일반 이용자들까지. 플래시 콘텐츠가 웹 환경에서 작동할 수 있도록 방법을 모색하고 아카이브 웹사이트를 만드는 작업들이 곳곳에서 산발적으로 벌어졌다. R.I.P. FLASH 프로젝트는 플래시 죽음 이후의 유저들의 자발적 아카이브 실천의 몇 가지 사례들을 살펴본다.

러플(Ruffle)

러플 웹사이트

러플은 플래시의 SWF 파일을 재생하는 에뮬레이터(emulator)다. 에뮬레이터란, 어떤 것을 흉내내다(emulate)의 의미처럼 다른 장치의 환경을 그대로 따라한 새로운 기술적 체계를 뜻한다. 지금은 단종된 구형 게임기의 환경을 소프트웨어에서 구현하는 에뮬레이터를 만들어 그 게임기와 호환되는 게임을 PC에서 플레이할 수 있도록 하는 사례가 이에 속한다. 러플의 경우 프로그래밍 언어 러스트(Rust)를 이용해 플래시 플레이어의 환경을 구현했다. 러스트는 현재 액션스크립트 1, 2로 제작된 플래시 콘텐츠를 대부분 재생할 수 있으며, 액션스크립트 3와의 호환은 현재 개발중에 있다.

러플은 크롬, 사파리(Safari) 등 현재 출시된 웹 브라우저들과 잘 호환될뿐 아니라 모바일 운영체제에서도 재생이 가능하다. 2016년부터 마이크 웰시(Mike Welsh) 등의 개발자들이 러플을 제작 및 지원하고 있다. 러플은 오픈소스로서 누구나 무료로 사용할 수 있다. 현재 플래시 포털 뉴그라운즈, 아머게임즈(Armor Games)와 웹 아카이브 관련 비영리재단인 인터넷 아카이브(Internet Archive) 등이 사용하고 있다.

플래시포인트(Flashpoint)
플래시포인트는 블루맥시마(Bluemaxima)라고 불리는 호주의 개발자 벤 라티모어(Ben Latimore)가 2018년부터 착수한 웹 게임 아카이브 프로젝트이자 프로그램의 이름이다. 독자적으로 개발된 프로그램을 PC에 설치하고 실행하면 아카이브에 접속할 수 있다. 한 명의 개발자로부터 시작했지만, 플래시포인트는 디스코드(Discord) 서버를 중심으로 전 세계 각국에 분포한 모더레이터들과 기여자들에 의해 운영되는 커뮤니티 기반의 프로젝트다.

플래시포인트 웹사이트 및 아카이브 프로그램

특이하게도 플래시포인트는 보존을 목적으로 하는 사람들로 형성된 집단이다. 유저들은 필요한 역할을 자발적으로 맡아 활동한다. 세부적인 역할은 플래시포인트의 시스템을 동작시키는 기술자/해커, 콘텐츠를 선별하고 저장하는 큐레이터, 플래시 콘텐츠의 동작 여부를 확인하는 테스터, 잃어버린 게임을 찾아내는 헌터, 그리고 언어별로 커뮤니티를 관리하고 도움을 주는 모더레이터로 나뉜다. 언어별 커뮤니티는 현재 디스코드 채널을 기준으로 공통어인 영어를 제외하고 한국어, 아랍어, 체코어, 독일어, 스페인어 등 15개 이상이 개설되어있다. 이러한 채널들은 해당 언어를 사용하는 국가의 플래시 콘텐츠 보존을 돕는다.

아카이브에 참여 의사가 있는 큐레이터가 보존하고 싶은 플래시 콘텐츠의 파일, 스크린샷, 로고, 메타 데이터를 수집하고 구동 여부를 확인하여 게시하고 나면, 확인을 거쳐 파일이 저장소로 옮겨진다. 플래시포인트 프로젝트는 비단 플래시 외에도 실버라이트(Silverlight), 쇼크웨이브 등 지금은 사라진 33개의 플랫폼의 콘텐츠까지도 아카이빙 중이다. 2021년 9월 기준 약 9만 개 이상의 게임과 1만 개 이상의 애니메이션이 저장되어있다. 현재까지 저장된 콘텐츠의 목록은 모두 리스트에서 확인할 수 있다.

와플래시(WAFlash)

와플래시는 웹어셈블리(WebAssembly)의 앞글자를 딴 국내의 비영리 온라인 플래시 아카이브다. 2020년 8월부터 운영되기 시작했으며, 브라우저간 호환성이 높은 웹어셈블리에 기반하여 사용 기기와 브라우저 관계없이 어디에서나 플래시 콘텐츠를 재생할 수 있도록 하고 있다. 유저들은 웹사이트의 방명록이나 디스코드를 통해 신규 아카이빙을 요청할 수 있으며, 보존 과정이 수작업으로 진행되기 때문에 많은 요청이 들어올 경우 작업이 지연될 수 있다.

와플래시는 러플의 소스를 사용하지 않으며 HTML5, WebGL, 웹어셈블리, Emscripten을 사용한 자체적인 엔진 방식에 따라 파일을 재생한다. 와플래시 운영자이자 개발자인 비드키즈(비키)가 구축한 변환 기술로 플래시 콘텐츠가 최신 웹 환경에 맞게 바뀐다. 따라서 와플래시는 다른 에뮬레이터 기술과 다르게 액션스크립트 3로 제작된 플래시 콘텐츠까지도 재생할 수 있는 플레이어 환경을 제공한다. 2021년 10월 기준 약 4,500개의 플래시 콘텐츠들이 보존되어 있다.

와플래시 웹사이트

플래시아크(Flasharch)

플래시아크 웹사이트

플래시아크(Flasharch)는 앞서 소개한 플래시 에뮬레이터 러플을 활용한 국내의 온라인 플래시 아카이브다. 플래시아크의 웹사이트에 접속하여 러플로 변환된 플래시 콘텐츠를 무료로 재생할 수 있다. 또는 플래시아크 플레이어를 다운로드하여 컴퓨터 드라이브에 저장된 SWF파일을 실행시킬 수도 있다. 2020년 9월부터 운영되기 시작했으며, 2021년 9월 기준 약 16,000개의 플래시 콘텐츠가 저장되어있다. 저장된 콘텐츠의 절반 이상은 한국에서 제작되었다.

플래시아크 웹사이트에서 계정을 만들고 나면 누구나 보존 신청을 할 수 있다. 보유하고 있는 SWF 파일을 제출하거나, 파일 없이 플래시 콘텐츠가 담겨있는 웹사이트 주소를 기입하면 심사를 거쳐 등록된다. 현재

비영리 목적으로 운영되고 있는 플래시아크는, 러플의 오픈소스를 활용하여 국내에서 플래시 아카이브를 구축한 사례라고 볼 수 있다.

이후 플래시를 아카이브하는 방법에 대한 다층적인 고민은 'FLASHMOB' 챕터의 두번째 토크 「소프트웨어의 피라미드」에서 자세히 다루어진다.

참고문헌

박하영, 「영화 못지않게 재미있는 영화 홈페이지」, 『신동아』, 2004년 3월 2일 자. https://shindonga.donga.com/3/all/13/103249/1

우성훈 외, 『플래시 전문가 28명과 함께하는 플래시 5 Story』, 서울: 삼각형프레스, 2001.

정보통신산업진흥원, 「어도비 플래시의 흥망성쇠에서 얻는 역사적 교훈」, 『주간기술동향』, 1565호, 2012, pp.28-31.

정재철, 「웹 2.0 시대 디지털 기술 문화에 대한 탐색적 연구」, 『언론과학연구』, 8(4), 2008, pp.557-591.

최연진, 「'플래시 애니' 시장이 뜬다」, 『한국일보』, 2001년 9월 1일 자. https://www.hankookilbo.com/News/Read/200109010089316933

최진주, 「인터넷은 지금 엽기송 열풍」, 『한국일보』, 2003년 11월 11일 자. https://www.hankookilbo.com/News/Read/200311110020878694

Bedingfield, Will. "The rise and fall of Flash, the annoying plugin that shape the modern web," *Wired*, 2019.10.9. https://www.wired.co.uk/article/history-of-macromedia-flash

Escalada, June, "History of Adobe," 2021.7.23. https://illustratorhow.com/adobe-history

Manovich, Lev. "Generation Flash," 2002. http://manovich.net/index.php/projects/generation-flash

Moss, Richard. "The rise and fall of Adobe Flash," *Ars Technica*, 2020.7.7. https://arstechnica.com/information-technology/2020/07/the-rise-and-fall-of-adobe-flash

Salter, Anastasia & Murray, John. *Flash: Building the Interactive Web*, Cambridge, Massachusetts: MIT Press, 2014.

FLASH MEMORY

플래시 개발자 A와 B의 이야기

91

플래시는 죽어도 플래셔는 살아있다 → 플래시 개발자 A와 B의 이야기

박이선

플래시는 죽어도 플래셔는 살아있다
92

기술은 사라져도 기술 문화의 사람들은 사라지지 않는다. 그동안 우리는 기술의 탄생, 번영, 죽음에만 주목을 해온 것이 아닐까? "플래시가 사라진다"는 소식 이면에는 플래시로 문화적 생산을 해왔던 사람, 생계를 꾸려왔던 사람, 그 생산물을 즐겼던 사람들이 있다. 플래시의 소멸이 예고되자 개발자들은 다른 기술로 이주하기를 암묵적으로 강요 받았다. 이들에게 플래시의 죽음은 피부로 다가왔다. 반면 인터넷 사용자에겐 달랐다. 다양한 웹 '서비스'들은 사용자들이 불편을 느끼지 않도록 최대한 이음매 없이 기술을 대체했다. 그래서 사용자들은 아직까지도 플래시가 죽은 것을 모르고 있거나, 2019년 즈음 웹 브라우저의 알림창을 통해서야 조금씩 알게 되었다. 변화마저 체감하지 못한 상황. 플래시가 죽기 전에 이미 플래시는 사라져 있었다.

2000년대의 웹은 게임, 애니메이션, 배너광고, 웹 카드, 웹사이트, 채팅방까지. 수많은 요소들이 플래시로부터 왔다. 텔레비전처럼 움직이는 이미지를 신기하게 웹에서도 만날 수 있었다. 설치가 필요하지 않았다는 점, 이메일과 검색으로 빠르게 전파될 수 있었다는 점, 그리고 생산 만큼이나 수용의 방식이 가벼웠다는 점은 많은 사람들이 플래시를 경험할 수 있도록 했다.

플래시 개발자 A와 B의 이야기

93

그러나 플래시의 죽음을 목도하는 지금, 기술적인 해석만 언급될 뿐 플래시와 동행했던 사람들의 이야기를 찾기가 어렵다. 나는 기술용어가 담긴 문서들이 아닌, 사람들을 만나보고 싶었다. 플래시의 전성기를 함께 보낸 이들에게 경험담을 듣고자 했다.

연구를 시작하고 2명의 인터뷰이를 만났다. 그들은 나이도 사는 지역도 다르지만 '플래셔'라는 공통의 경험을 가지고 있었다. 플래시가 문화적으로 가장 활발히 생산되었던 시기는 2000년대 초중반이니, 10년도 더 된 기억들이었다. 지난 일들이 잘 떠오르지 않을까 내심 걱정했지만, 다들 마치 최근의 기억처럼 그때의 즐거웠던 기억을 곱씹으며 이야기를 이어나갔다. 그 이야기를 공유해보고자 한다.

플래시는 1996년생이다. 지금으로부터 무려 23년 전이다. 23년 전에 플래시로 애니메이션이나 게임 등을 만들었던 사람 찾기는 서울에서 김서방 찾기와 같다. 과거에 특정한 소프트웨어를 사용했던 사람들을 골라서 찾는 것은 쉽지 않은 일이다. 보통 그런 상황에서는 관련된 주제의 온라인 커뮤니티를 찾아보는 것이 문화연구자들에게는 좋은 팁으로 전해진다. 그러나

플래시는 죽어도 플래서는 살아있다

플래시는 현재진행형이 아닌 너무나 먼 과거의 일이었다. 포털 사이트에 '플래시'를 검색해도 검색되는 커뮤니티는 없었다. 플래시가 점차 기술계 뒤쪽으로 옮겨가면서 과거에 활발했던 여러 커뮤니티의 일부에 새로운 글이 간간히 올라오고 있었고, 대부분의 경우는 사이트가 통째로 폐쇄되었다. 눈 앞이 깜깜했다.

그러다가 지인이 예전에 했던 이야기가 떠올랐다. 현재 게임 엔진 소프트웨어인 유니티를 사용하는 사람들 중에 꽤많은 사람들이 플래시에서 넘어왔다는 것이었다. 유니티는 애니메이션 제작하는 기능을 포함하여 콘텐츠 제작 방식에서 플래시의 유산을 상당 부분 계승하고 있었다.

곧바로 유니티 커뮤니티에 인터뷰이 구인 공고를 올렸다. 다음 날 댓글 하나가 올라왔다. "○○○○라는 플래시 커뮤니티가 그나마 아직 남아있으니 거기에 가보라." 그 커뮤니티의 이름은 플래시라는 단어가 직접적으로 들어가지 않고 줄임말로 이루어져있어서 검색되지 않고 있었다. 나는 바로 그곳에 회원가입을 했다. 며칠 동안 출석을 하고 열심히 댓글을 달아 등업을 한 뒤 글을 쓸 수 있는 자격이 되었고, 끝내 구인 공고를 게시할 수 있었다.

플래시 개발자 A와 B의 이야기

"플래시 웹문화의 경험을 이야기해주실 분을 찾습니다."

이틀 동안 댓글과 개인 연락망으로 말을 걸어준 사람은 총 6명이었다. 그 중 인터뷰 참여 의사가 있는 이는 3명이었고, 그나마 1명은 지방에 거주하여 간단하게 온라인 대화만 주고받을 수 있었다. 그 외에 플래시가 정말 사라지는 것이 맞냐고 질문을 던지고 홀연히 사라지거나 플래시 사용법을 대뜸 질문하는 사람들도 있었다. 나는 최종적으로 참여자 2명과 인터뷰를 진행하기로 했다.

플래시 개발자 A와 B의 이야기
A를 만난 건 2019년 가산디지털단지의 한 카페였다. 비가 쏟아진 날, 가산에 볼일이 있다던 그를 만나기 위해 카페에 먼저 도착해 기다리고 있었다. 구석 창문 옆에 앉아있다고 메시지를 보냈는데, 나를 못찾겠다고 답장을 보내왔다. 온라인 상에서 미팅 약속을 잡았더니 내가 남성인줄 알았던 것이다. 그렇게 인터뷰는 시작되었다.

40대 후반 정도 된 A는 자신이 플래시 1세대 개발자라고 말했다. 주로 정적인 이미지를 애니메이션으로 만드는 모션 작업을 전문적으로 했었고, 한창 플래시 산업이 부흥했을 때에는 많은 수익을 올렸다고 했다. 과거에는 플래시 전문 사업체를 운영하기도 했지만 지금은 프리랜서로 지내면서 플래시를 포함한 웹 기술자로 활동하고 있다고 소개했다.

"저는 플래시를 처음 접한 게 96년도에 처음 나왔을 때, 애니메이션 쪽이었어요. 친구가 소개를 시켜줘가지고 ○○○이라는 작가를 알게되었어요. 그리고 □□□도 알게 되었어요. 그리고... △△△ 동갑내기 제 친구가 플래시를 96년도부터 했어요. 평소 애니메이션을 좋아해서 플래시를 시작하게 되었죠." — A

친구의 소개를 받고 플래시 애니메이션 제작을 배우게 되었다던 그는 96년에 시작한 이래로 20년 이상을 '플래셔'로 삶을 이어갔다. 당시에는 디자이너들도 간단한 프로그래밍으로 플래시로 콘텐츠를 만들 수 있었기 때문에 디자인과 개발의 경계는 지금과 다르게 선명하지 않았다. 일반적으로 플래시를 다루는 사람은 디자인부터 프로그래밍까지 모두 다룰 수 있던 것이 보통이었고, 큰 사업체로 가면 분업이 이루어졌다. A의 말을 빌리면, 그림을 그리는 '일러스트레이션', 이미지를 받아 프레임에 따라 움직임을 만들어내는 '모션', 움직이는 이미지에

플래시 개발자 A와 B의 이야기

97

인터랙션 동작을 추가하는 등 프로그래밍으로 콘텐츠를 완성하는 '스크립팅'으로 나뉜다. 그림 그리기에 재주가 없던 A는 모션과 스크립팅을 담당했다. 그는 애니메이션 제작에 오래 참여해왔던 경력으로, 플래시 애니메이션이 기존의 제작 방식과 다른 점에 대해 설명했다.

"셀 애니메이션과 플래시 애니메이션이 있는데, 셀 애니메이션은 그림을 그리거나 사진을 찍어서 이어 붙이는 거잖아요. 플래시는 컴퓨터로 처리해서 빠른 거죠. 셀 애니메이션은 몇천 장을 가지고 만들지만, 플래시는 한두 장으로 움직이는 걸 끝내죠. 두 가지 제작방식으로 만든 결과물의 퀄리티를 평가한다면 할 수 있겠지만, 어떤 작가가 그리느냐에 따라서 달라요. 보통은 셀 애니메이션은 작가가 수십 명이 달라 붙고, 플래시는 개인이 혼자서 취미로 만드는 거죠. 정교하게 그린다 치면 플래시 애니메이션도 하나 만드는 데에만 몇 달 걸릴 거예요. 그런데 그러면 장사가 안되니까." — A

나는 초기 연구 계획 단계에서 플래시 콘텐츠를 취미로 만들어내는 사람을 인터뷰이로 찾으려고 했다. 상업적으로 유통시킨 경우 말고, 실명을 알 수 없는 사람들이 비상업적 목적으로 만들어 주전자닷컴이나

플래시는 죽어도 플래셔는 살아있다

커뮤니티 등지에서 퍼날랐던 소위 '자작 플래시' 생산자들 말이다. 그러나 직업 플래셔와 만나 플래시 "장사"라는 말을 듣게 되니, 그에게 사업적인 이야기를 더 묻기로 했다. 당시 플래시 제작 산업은 어떤 모습이었나? 궁금해졌다.

"2015년도까지는 일이 많았어요. 그때까지는 뭐, 금방 지나가겠지 했죠. ○○○○(플래시 커뮤니티)도 2015년까지는 활발했어요. 지금은 완전 죽었죠. 그때는 알바글, 구인글이 많이 올라왔었는데 지금은 어쩌다 한 번씩…. 플래시는 지금은 E러닝(인터넷 강의 등 온라인 교육 서비스) 쪽으로 밖에 일이 없어요. 2011년도까지 플래시 단가가 홈페이지 하나를 만들어도 1,500만 원, 그러니까 500만 원 이상을 호가했었는데 지금은 E러닝도 하나에 10만 원 이런 식으로 인식이 저하가 되었어요. 시장이 초반에는 잘 받다가, 몇 년 지나면 직업으로 하는 사람들이 많아지잖아요. 제가 플래시 1세대이지만 그때는 사람이 많이 없었어요. 2005년까지도요. 영화 홈페이지가 부흥이 되다 보니까 그것 때문에 애니메이션하고, 돈을 좀 많이 벌었죠. 플래시 애니메이션 하나에 편당 1-2분 정도로 가격이 정해지거든요? 1분에 300만 원을 잡아요. 보통

플래시 개발자 A와 B의 이야기

99

하나 만들고 수정하고, 그러면 한 편당 (제작이) 3주간 걸리거든요. 시안 보내주고, 콘티는 그쪽에서 주고. 그렇게 3주를 보내는데, 요즘에는 저를 30만 원으로 잡아요. 이런 식으로 잡아서 계산을 하는 거예요…. 저도 잘 벌 때는 플래셔로, 1년에 억대 연봉을 받았었어요. 제 사업 한다고 직원 12명정도 썼거든요. 1년 매출이 건물 하나 살 정도로 벌었던 적도 있었죠. 그런데 쉽게 번 돈이 금방 나간다고, 사기도 당하고 그래서 지금은 남은 게 집 하나 있어요. 제가 내일 모레 50이에요." ― A

내면에서 나온 넋두리와 같은 그의 말은 플래시 제작 업계의 현실을 보여주고 있었다. 한 때 잘 나갔던 미디어 산업의 최전선에 있었던 플래시 기술자들은 지금은 불러주는 곳이 대폭 줄고 급료도 감소했다. 1분에 300만 원으로 책정되던 플래시 애니메이션 제작 단가는 30만 원이 되었다. 그마저도 더 범용적인 다른 기술로 대체되고 있다. A 말고도 다른 이들도 비슷한 이야기를 했다. 커뮤니티 댓글과 온라인 메시지로 "플래시 부흥기 때에 일을 해서 집 2채를 샀다." 같은 말을 전해들을 수 있었다. 산업의 위상을 알 수 있는 방법은 노동의 대가가 얼마나 변화했는지를 보는 것이다.

플래시는 죽어도 플래셔는 살아있다
100

A의 독특한 이력은 플래시 제작과 동시에 커뮤니티를 운영했다는 점이다. 플래시가 너무 좋았고, 다른 사람과 함께 공유하고 싶어서 모 포털 사이트에 플래시 전문 카페를 개설했다고 한다. 상당한 방문자수를 자랑했던 그의 플래시 커뮤니티는 2000년대 중반까지 활발하다가, 개인적으로 관리에 소홀하기도 했고 결정적으로 해킹을 당하게 되어 잠정적으로 폐쇄되었다.

"제가 그리고 플래시 애니메이션 카페 모임도 만들었어요. 플래시를 퍼다가 올리고 그랬죠. 2007년도까지 하다가 지치더라고요. 관리를 안 하다보니까 전부 이용자가 빠져나가더라고요. 카페에 사람은 있는데, 다 활동을 안 해요. 자료도 안 떠요. 그러다 한 번은 해킹을 당했어요. 인기가 많다보니까, 누가 (해킹을 해서) 성인 광고를 올렸어요. 그래서 제재를 받았죠. [질문자: 억울하다 항소를 할 수는 없었어요?] 다른 이름으로 카페를 새로 내래요. 아이디를 새로 만들라고요. (원래) 회원수가 10만 명이 넘어갔어요. 그 이후로 3천 명인가 밖에 안해요. 그 당시에 구경오던 친구들이 지금 30대 정도 되었죠. 플래시로 짝퉁 졸라맨 그리던 친구들도 다 어른이 되었죠." — A

플래시 개발자 A와 B의 이야기

101

나와 비슷한 나잇대의 사람들이 A의 온라인 카페를 방문했을 것이다. 당시에는 자작 플래시가 넘쳐났다. 낙서 형태를 닮은 짝퉁 졸라맨 작품들이 비일비재하게 올라왔고, 일반 비전문가, 심지어 초등학생도 사용법만 익힌다면 누구나 플래시로 작품을 만들어낼 수 있었다. 〈마시마로〉 제작자 김재인 씨는 당시 만화를 공부하던 대학생이었다. 현재도 남아있지만, 과거 자작 플래시를 올리는 커뮤니티로 유명했던 주전자닷컴에는 수많은 학생 이용자들이 활동했다. 그들은 마우스로 그린 그림으로 게임과 애니메이션을 제작하며 다른 사람들에게 공유하길 즐겼다. 수많은 이용자들이 그 창의적인 작업들을 플레이 하고, 또 다른 곳으로 전파하면서 문화를 형성해갔던 때가 있었다.

2019년 초 게임물관리위원회는 게임 유통 관련 법을 새롭게 시행하기로 했다. 법에 따르면, 온라인에 게시된 게임은 심의를 거쳐야만 플레이 할 수 있다. 그로 인해 플래시365, 주전자닷컴을 비롯한 플래시 포털들은 자작을 포함한 모든 게임의 접속을 차단하는 대책을 세울 수밖에 없었다. 후에 이 법의 논란으로 시행이 미뤄지고 심의료를 무료로 하는 등 완화되었지만, 자작

플래시는 죽어도 플래셔는 살아있다

102

게임을 공유하는 문화가 정부 정책 하나로 제동이 걸렸던 사건이었다.

B를 만난 것은 그로부터 몇 주 뒤였다. A와 B는 서로 나이가 많이 차이나지 않았다. 퇴근시간 즈음 혜화의 한 모임 장소에서 만나기로 약속했다. 그는 현재 한 기술 사업체를 운영하고 있는 대표였다. B는 플래시에 관한 일로 과거에 신문에도 출연한 적이 있다고 했다. 두 번째 인터뷰였기에 나는 차분하게 R.I.P. FLASH 프로젝트의 취지를 소개했고, 더 편안한 분위기에서 인터뷰를 시작할 수 있었다. 플래시로 개발의 세계에 입문하게 되었다는 B의 이야기는 이렇다.

"그때는 56kB/s를 사용하던 시절이었어요. 1초에 56kB밖에 전송이 안되어요. 모뎀을 사용할 때였는데⋯ 텍스트와 이미지만 있었죠. 그런데 플래시가 동영상 지원을 할 수 있게 해줬죠. 1996-1997년에 유행했던게 또 뭐있냐면, '데스크탑 토이'라고 있어요. 화면에 양 같은게 돌아다니고, 마우스로 치우고, 다마고치 같은 게 있었어요. 그리고 데스크탑 토이와 함께 스크린세이버가 막 유행했었어요. 화면 보호기요. 화면 보호기를 플래시로 제작을 할 수 있었어요. 당시 스크린세이버에

플래시 개발자 A와 B의 이야기

103

대한 인기는 굉장했어요. 저희도 개인용 스크린세이버를 만들겠다고 했죠. 사랑고백용 스크린세이버, 그러니까 여자친구 PC에 메시지를 남기는 거죠. 회사 다니는 아빠들은 애들 사진을 넣기도 하고요. 웹사이트에 사진을 업로드하면 스크린세이버를 만들어주는 일을 했어요. 그걸 보고 신문사에서 취재를 하겠다고 하고…" ― B

퓨처웨이브가 플래시를 처음 출시한 1996년 즈음, 모뎀이라는 제한적인 인터넷만이 가능했다. 속도를 위해서 기본적인 텍스트와 저용량의 이미지만이 로드될 수 있었다. 이런 당시 상황 속에서, 플래시는 이미지를 움직일 수 있는 최신 기술이었다. 데스크탑 토이가 스크린 위를 반려동물처럼 돌아다니는 것에 사람들은 신기해했다. 사용자가 자리를 비운 사이에 심심한 화면을 대체했던 스크린세이버는 디지털 액세서리 같았다. 당시 20대를 보냈던 B는 새로운 기술을 배우던 순간을 또렷하게 기억했다.

"캐릭터가 있다면, 캐릭터를 움직여야 하잖아요. 애니메이션이 들어간다고 하면, 그걸 하기 위해서 코딩한다는 게 지금 말이 안돼요. 그런데 플래시에서는 할 수가 있었죠. 애니메이션을 MP4나 WMV와 같은

플래시는 죽어도 플래셔는 살아있다

걸로 제작 한다는 것은 말이 안돼요. 플래시로 한다고 하면 간단하거든요. 한 하루 이틀 배우면 기본적으로 쓸 수는 있으니까요. 저희가 스크린세이버 하고 나서, 카드 메일 하나를 의뢰를 받았어요. 저희는 스크린세이버만 만들 수 있었거든요. 대학교 4학년 졸업 하고 플래시 조금 공부해서 한 건데, 그때 의뢰를 받고 책을 사서 이틀 공부해서 만들었어요. 그만큼 쉬워요. (웃음) 문제 없이 잘 돌아갔어요." — B

그 전까지 플래시 게임과 애니메이션, 웹카드 정도로 알고 있었던 시각에서 스크린세이버와 데스크탑 토이는 새로운 정보로서 다가왔다. 움직이는 모든 것은 플래시로 만들 수 있다는 사실에 늦었지만 새삼 놀라웠다. 며칠만 배워서 새로운 형식을 만들어낼 수 있다고 B가 말하듯 다루기 쉬웠다는 그 소프트웨어는 가지고 있는 장점도 많았다.

"아주 옛날에 졸라맨, 엽기 토끼, 우비소년 정말 최고였죠. 그 당시 플래시 애니메이션이 떠서, 저희도 스크린세이버 만들던 일을 애니메이션으로 바꿨죠. 그래서 ○○○을 제작하게 됐죠. □□□ 홈페이지에 업로드 되었고요. 나중에는 △△△ 텔레비전에도 방송되었어요. 지금은 쉽지만, 그 당시에는 플래시를 만들어서 그 파일을 PC에

플래시 개발자 A와 B의 이야기

비디오 저장 장치를 달아서 6mm 테이프를 만들고,
그 테이프를 방송용 베타 테이프로 만들어서 송출했죠.
[질문자: 플래시로 만들었으면 화질이 좋았겠네요.]
네, 아시겠지만 플래시는 벡터를….." ― B

플래시는 벡터 이미지 방식을 사용한다. 벡터 이미지란,
비트맵처럼 작은 픽셀이 모여 이미지가 형성된 것과
다르게 선의 모양이 수학적 공식으로 이루어진 것이다.
매끄러운 선의 형태가 특징이며, 크기를 자유롭게 늘리고
줄여도 이미지가 깨지는 일이 없다. 또한 픽셀 데이터를
기억하는 것이 아니라 수학적 공식을 기억하기에,
이미지의 용량도 작다. 플래시 애니메이션은 벡터
이미지로 만들어진 것이 많았기 때문에 업로드에 부담
없고 로딩이 빨랐다. 플래시가 재생되는 화면을 스크린
캡쳐 형식으로 녹화한다면 이미지가 비트맵으로 저장될
것이다. 화면 캡쳐이기 때문이다. 열화될 가능성이
높은데, 반면 원본 파일(SWF)에서 동영상을 바로
추출하게 되면 벡터 형태가 보존되기 때문에 깨지지
않고 선명한, 그리고 용량이 가벼운 장점들을 그대로
계승할 수가 있다. 이 점을 인터뷰이 A와 B 모두 인정하고
있었다. 나는 아직까지 이름을 기억하는 유명 플래시
애니메이션을 B가 제작했다는 사실이 무척이나 신기했다.

플래시는 죽어도 플래셔는 살아있다

106

B는 생산 기술 장의 변화에 대해 어떻게 생각하고 있을까. 아래 진술은 다소 길지만 B가 정리한 플래시 사용의 변화과정이다. B는 나름의 논리로 플래시 기술의 사용이 줄어들게 된 배경을 제시했다.

"1998년이나 1999년에는 간단한 플래시 애니메이션과 스크린세이버, 2002년, 2003년 애니메이션이 유행하면서 이메일 보내는거 유행했다가, 그러다가 이메일 유행 확 죽고 2005년, 2006년 이때 되면서 웹사이트 일만 하다가, 그때부터 플래시가 조금 죽었던 것 같아요. 회사가 어도비로 넘어가잖아요. 좋아지는 줄 알고, 저희들도 그랬는데. 2006년 그때 플래시 공인 시험도 있었어요. 회사 넘어가기 전 매크로미디어에서요. 그 당시 플래시 관련한 책들이 있어서 사진이라도 보여드릴게요. (사진을 보면서) 당시에 플래시 공인 자격증이 있었어요. 플래시 공인 자격증이 있어서, 세계적으로 플래시를 기술로 보는 인식이 있었죠. 그리고 이 책(사진)은 플래시 웹서버에 대한 책, 플래시가 정말 막강한 기능을 갖고 있는 중요한 의미예요. 나중에도 말하겠지만, 플래시가 잘 안되는 이유는 뭐라고 생각하세요? 안하게 된 거라기보다 못하게 된 거라고 생각해요. 보안이 안 좋았다는 건, 플래시가 가장 막강했다는 의미라고 봐요. 내 PC에 있는 걸 플래시가 다 건들 수가 있어요. 파일을 수정하거나 삭제할 수도 있고요. [질문자: 브라우저에서 보는데, PC를 건드릴 수 있다는 의미인가요?] 그래서 보안이 약하다는 거예요. 플래시를 돌리면 파일을 볼 수가 있으니까요. 그래서 보안 이슈가 있었던 거죠. 플래시가 컴파일 하면 SWF 파일이잖아요. 그걸 다시 EXE로 만들 수 있어요. EXE 파일은 저희가 PC에서 다루는 파일이잖아요? 액션스크립트 중에 어떤 명령어가 있어요. 그 명령어를 통하면 PC에서 실행할 때 쓰는 도스 명령어를 쓰기부터 시작해 파일 삭제부터 뭐든 다 할 수가 있어요. 나중에 플래시 서버라고 해서, 플래시를 넘어선, 플래시를 가지고 채팅 프로그램을 만들 수 있어요. 지금도 플래시를 통해서 PC 카메라를 핸들링 하잖아요. 그리고 메신저처럼 만들 수도 있죠. 사용자도 실제로 편했거든요. 그런데 보안 문제가 있기 시작하니까, 그걸 막기 시작했던 거 같아요. 사람들이 막기 시작하니까, 개발자들도 할 수가 없죠. 그 기능을 막으니까 개발자들도 그런 일을 안하게 되는 거고, 저는 플래시를 안 쓰게 된 가장 큰 이유가 그거라고 생각해요." — B

너무 강해서 죽게되었다는 그의 진단. 앞서 인터뷰한 A도 내용을 갈무리하진 않았지만 비슷한 진술을 보였다.

플래시는 죽어도 플래셔는 살아있다

108

플래시는 조작할 수 있는 범위가 아주 넓어서, 사용자의 PC 속의 요소들 상당 부분에 관여할 수 있었다. 그 덕택에 다양한 분야의 프로그램들이 플래시로 짜여질 수 있었다. 초기 유튜브도 플래시의 동영상 전송 기술을 토대로 만들어졌다. 하지만 역으로 해커들은 플래시를 사용자 PC로 침투하는 도구로 활용할 수도 있었다. 랜섬웨어 사건이 그것이다. 2000년대 후반부터 플래시를 통해 랜섬웨어가 전파된 사례들이 발생하기 시작했다. 국내도 마찬가지로, 플래시 파일을 다운 받으면 해킹의 소재가 될 위험이 존재했다. 이때 전례의 여파인지, 지금도 SWF 플래시 파일을 다운 받으려고 하면 브라우저는 경고창을 띄운다. 다운로드는 위험하다는 메시지다.

이제 플래시가 죽었다는 것을 확인했으니 애도를 준비해야할 차례인가. 그러나 B는 예상밖의 말을 이어갔다. 그의 의견은 이렇다. 뜻밖에도 플래시는 죽지 않았다는 것이다.

"지금 플래시는 다른 걸로 바뀌었잖아요. 애니메이트 CC. 플래시 10인가? 9인가? 그 버전은 없어지고, 이름만 바뀌었어요. 인터페이스도 똑같아요. 플래시에서 이름만 바꾼 거 같아요. 그런데 애니메이트 CC는 거의

플래시 개발자 A와 B의 이야기

109

모바일용으로 만들기 쉽게 좀 바뀌었어요. 개발하기 편하게. 플래시가 없어진 건 아니에요. 왜냐하면 애니메이트 CC가 있고, 활동 반경이 모바일로 옮겨간 거에요. 웹에서 사라지고, 모바일 앱에서 남을 거 같아요. 모바일 앱 만드는 게 더 비싼 금액을 받는 거고, 웹페이지 만드는 건 일반적인 금액으로 처리를 하는 거죠. 몸 담고 있는 곳을 다른 곳으로 바꾸는 거죠. 그런데 사람들이 이게 플래시라는 걸 모르는 거죠. 뿌리를 파다보면 플래시랑 다른 게 없는데. 저도 플래시에서 작업 하던걸 애니메이트 CC로 하고, 거기서 모바일로 만들죠. 단지 사람들이, 은둔하고 있는지 모르는 거죠. 이름도 바꾸고, 점도 찍고, 개명하고… 어디선가 살아있는데, 그 당시에 기억하기에는 되게 가벼운 애였는데, 가볍게 만났는데, 어느날 이름 바꾸고 고급스러운? 아무튼 뭔가 변신해서 살아 있는거죠. 그런데 걔를 만나는데도 모르는 거예요." — B

기술의 죽음은 역시나 단순하지 않았다. 인간의 죽음은 숨이 끊어지고 맥이 멈추면, 생명 활동이 중단되고 이내 존재가 사라진다. 그의 신체를 다른 사람들이 매장하고 이름을 기리며 추도 행위를 하는 것으로 끝을 맺는다. 그러나 기술에게는 인간처럼 신체 소멸의 개념이 없다. 플래시와 애니메이트처럼, 얼굴은 같지만 이름이 다를

플래시는 죽어도 플래셔는 살아있다

수 있다. 물론 엄밀히 말해 플래시는 죽은 것이 맞다. 플래시 플랫폼에서 가장 중요한 플래시 플레이어가 지원 종료되면서 웹콘텐츠를 재생하는 플랫폼으로서 사형선고를 받은 것은 사실이기 때문이다. 하지만 플래시 이후의 애니메이션 제작 소프트웨어들은 플래시를 상당 부분 계승했다. 대표적으로 유니티가 그렇다. 그렇다면 그들은 자식의 개념인 것인가? 부모의 죽음이라고 보면, 또 완전한 기술의 죽음으로 봐도 맞는 것일까? 혹시 그것은 기술의 죽음이 아니라 단지 브랜드, 또는 카피라이트의 죽음은 아닌 것일까 묻고 싶다.

내가 인터뷰 참여자를 모집한 국내에 마지막 남은 플래시 커뮤니티에는 이런 글이 올라와있다. 2010년 6월, 한 커뮤니티 운영진이 저물어가는 플래시의 앞날을 보며 적었던 것의 일부이다.

"웹과 플래시가 함께 했던 것은 어도비 때문이 아닙니다. 플래시와 웹을 사랑했던 사람들 [때문]입니다."

전 한게임 플래시 게임팀 인터뷰

111

큰 회사의 가벼운 게임 → 전 한게임 플래시 게임팀 인터뷰

박이선

큰 회사의 가벼운 게임

112

2005년 8월 1일, 2007년 8월 2일, 2011년 8월 30일 한게임 웹 페이지

한게임은 1999년부터 지금까지 서비스되고 있는 오랜 전통의 국내 온라인 게임포털이다. 2000년 네이버와 합병한 후, 모회사 NHN의 운영 아래 웹보드 게임부터 RPG와 스포츠까지 다양한 장르의 게임을 자체 제작 및 퍼블리싱 해왔다. 초기 한게임은 네이버의 검색 서비스와 시너지를 내면서 안정적인 이용자를 확보할 수 있었고, 2003년에는 국내 동시접속자 수가 20만 명에 이를 정도로 온라인에서 큰 인기를 누렸다. 당시 한게임은 넷마블, 피망과 함께 국내 3대 게임 포털로 꼽혔다. 한게임에서 제작된 게임들은 NHN 재팬을 통해 일본에서도 서비스 되었으며, 2005년 당시 가입자수가 1,000만 명을 넘기기도 했다.

전 한게임 플래시 게임팀 인터뷰

그런 한게임에서 플래시 게임 코너는 인기있는 카테고리 중 하나였다. 2003년 8월에 플래시 코너를 오픈한 이후, 한게임 전체 방문자수가 10% 가량 많아졌다는 분석이 있다. 이러한 흐름 속에서 약 90여 개의 플래시 게임들이 제작되면서 한게임 내에서 꽤나 입지있는 사업이 되었다. 당시 한게임의 플래시 게임은 아주 간단한 조작법과 규칙을 가진 〈파워 애로우〉, 〈장금이의 꿈〉 같은 캐주얼한 게임부터, 〈바리공주의 전설〉 시리즈나 〈퍼니 아일랜드〉처럼 저장 기능을 갖춘 게임까지 다양했다. 흥미롭게도 플래시 게임은 수익 모델을 가진 다른 게임을 홍보하는 수단으로 사용되기도 했는데, 한게임에서 서비스하는 횡스크롤 대전 슈팅게임 〈건스터〉의 유저 유입을 위해 플래시 버전의 〈플래시 건스터〉나 온라인 골프 게임 〈당신은 골프왕〉을 간단하게 만든 〈당신은 홀인원〉을 제작했던 것이 그러한 사례로 볼 수 있다.

오래 전 한게임의 플래시 게임들을 지금 다시 꺼내와 추적하는 일은, 플래시 유산을 정리하는 작업에 큰 도움을 준다. R.I.P. FLASH 프로젝트는 한게임의 사례를 통해, 2000년대 당시 국내 게임 이용자들의 플래시 게임 소비 양상과 게임 제작자들이 위치했던 지형을 그려내고자 한다. 웹에서 유행처럼 퍼져나가던

큰 회사의 가벼운 게임

작자 미상의 게임들과 다르게 한게임의 플래시 게임들은 20년 넘게 존속해오고 있는 대형 IT회사의 영역 안에 있었다. 고로 IT산업의 역사와 함께 이해하는 통시적인 분석이 가능해진다.

이러한 맥락에서, 2000년대 중반 한게임에서 플래시 게임과 관련한 일을 했던 3인을 만났다. 플래시 게임 디자이너 백윤화, 기획자 류재규, 그리고 사업 영역을 담당했던 임보라. 이들이 NHN에 입사한 2005년은 플래시가 본격적으로 웹문화 전반에 영향을 확대하고 있던 때이다.

플래시 게임에서 이모티콘이 되기까지

> ⓘ
> **백윤화**
> (전 한게임 디자이너, 현 펀피 스튜디오 대표)
> 한게임 플래시 게임팀에서 다수의 플래시게임 제작에 참여했다. 이후 NHN 재팬을 거쳐 현재 디자인 스튜디오 펀피를 운영 중이다. 모찌, 바쁘냥, 바쁘개, 세송, 푸푸 등 귀여운 표정과 몸짓으로

전 한게임 플래시 게임팀 인터뷰

115

> 감정을 표현하는 카카오톡 이모티콘 캐릭터 시리즈를 제작하였다.

한게임 플래시 게임 팀에서 근무하게된 계기를 듣고 싶어요.

NHN 공채 1기에 디자인 부분으로 2005년 입사했습니다. 제가 영상디자인과를 나왔는데, 당시에 플래시 수업이 있었어요. 카메라로 찍는 영상을 배우기도 했지만 영상이라는 범주에 촬영만 있는 것은 아니니까요. 영상 작업의 도구 중 하나로 플래시를 처음 접하게 됐습니다. 그런데 플래시에서 애니메이션이 너무 잘 구현되니까 할 수 있는 것이 정말 많은 거예요. 졸업 작품도 플래시를 활용해서 인터랙션이 있는 이야기로 만들었습니다. 그것 때문에 채용 당시에 플래시에 대한 이해가 높아 보였던 것 같아요. 2004년 말에 대학을 졸업하고, 2005년에 NHN 공채 1기에 디자인 부분으로 입사했습니다.

한게임 플래시 게임 팀에 들어가 보니 재미있는 것들을 많이 할 수 있었어요. 거기서 3년 정도 일하면서 자연스럽게 플래시에 녹아들었습니다. 그 때 같은 팀에 있었던 분들 중에 〈애니팡〉을 만든 선데이토즈의 창업자 이정웅 대표님은 프로그래머로, 〈윈드러너〉 만드셨던 이길형 대표님은 게임 기획 쪽에 계셨죠. 생각해보면 대단한 분들이 많았어요.

당시 플래시 게임은 게임 포털 내에서 어떤 역할을 맡고 있었나요?

한게임에는 플래시 게임 외에도 RPG나 테트리스, 맞고 등이 있었고, 플래시 게임은 비교적 연령이 낮은 플레이어들을 대상으로 하는 가볍고 귀여운 미니게임 형식이 많았어요. 한게임은 다양한 사람들이 유입되는 포털이 되는 것을 목표로 했습니다. 그 당시 팀장님의 말씀이 아직도 기억나는데요. "무거운 장르의 게임들은 성인 연령대에서 플레이되고, 어린 친구들이나 라이트 유저들은 플래시 게임을 즐기기 때문에 후자의 사람들을 위해 우리는 플래시 게임을 잘 만들어줘야한다"는 이야기였죠. 큰 용량의 게임은 클라이언트 설치가 별도로 필요했지만, 플래시는 시작하기 버튼만 누르면 바로 플레이 되었던 것이 신선했어요. 게임 포털에서 플래시 게임이 담당했던 역할이 있었던 것 같습니다.

전 한게임 플래시 게임팀 인터뷰

117

회사 내 다른 제작팀과 차이점이 있었나요?
큰 규모의 게임들이 옆 팀에서 개발되었는데, 그런 경우에 게임 하나를 만들기까지 개발기간을 1년, 2년으로 잡았어요. 반면에 플래시 게임 개발 과정을 보면 거의 한 달에 하나씩 만들어낼 수도 있었죠. 아이디어 내는데 1주일, 기획서 작성에 며칠, 프로토타입 만드는 데에 며칠, 디자인 입히는 데에 1-2주, 적용하고 마무리 짓는 시간 1주. 이렇게 한두 달을 보내면 게임을 완성시킬 수 있었습니다.

플래시 게임을 만들었던 과정을 자세히 듣고 싶어요.
신규 플래시 게임 제작이 결정이 되면 디자이너 1명, 개발자 1명, 기획자 1명, 이렇게 최소 3명이 모였어요. 한게임 플래시 게임 카테고리에 1차적으로 런칭이 되었기 때문에 그곳을 주요 스테이지로 삼고 런칭을 목표로 했습니다. 이후에 점점 쥬니어네이버처럼 여러 웹사이트에서 서비스가 되었고요. 사이즈는 브라우저에 맞게 640×480px로 설정했습니다.

2000년대 당시에는 외국에서도 플래시 게임이 무척 활성화되었던 시기였습니다. 기획 단계에서 레퍼런스로 삼을만한 게임들이 정말 많았어요. 만들어보고 싶었던

큰 회사의 가벼운 게임

게임들은 얼추 다 이미 외국에 나와있었을 정도였죠. 기획자, 개발자들과 함께 해외 웹사이트를 보면서 "우와 플래시로 이렇게 구현이 되네"하고 참고를 많이 했던 기억이 있습니다. 그리고는 "우리가 만드는 게임은 조금 더 다르게 개선해서 만들어보자"고 목표를 설정했죠. 드래그 앤 드롭(drag and drop)이라고, 마우스로 드래그하는 기본적인 조작방식이 있습니다. 이것이 초기의 게임 룰인데, 그 당시에도 구현되는 정도가 지금과 비슷했어요. 블록을 마우스로 끌어서 가져다놓으면 빵 터지는 연출처럼, 드래그하는 방식을 다양하게 접근하면서 게임을 UX적으로 연구했던 기억이 납니다.

'FWA'(Favorite Website Awards, [편집자] 전 세계 다양한 웹 작업들을 소개하고 매년 우수 작업들을 선정했던 웹사이트)라고, 플래시 인터랙티브 웹사이트들을 모아두었던 큐레이션 서비스가 있었어요. 그곳에서 세계 각지의 작업들을 보면서 개발자 분들이랑 "이 부분은 게임에 적용시키면 재밌겠다"라며 연구했습니다. 플래시의 인터랙션이 정말 재미있잖아요. 버튼 하나를 눌러도 막 튀어나오는, 여러 재미난 효과들을 줄 수 있었던 것이 게임 영역에서 신선하게 접목될 수 있었죠.

전 한게임 플래시 게임팀 인터뷰

119

정말 좋았던 것은, 그런 아이디어를 이야기하면 개발자가 며칠 만에 테스트 버전을 딱 가져오셨다는 거예요. 아이디어로 떠올렸던 게임성이 구현되어있는 프로토타입을요. 어떻게 짧은 시간 만에 만들어낼 수가 있냐고 물어보면, 본인이 스크립트를 짜기도 했지만 온라인에서 오픈소스를 가져와 응용할 수 있었던 덕분이라 했습니다.

게임 만들 때 캐릭터의 움직임이나 블럭의 크기와 같은 중요한 요소들을 제일 먼저 정하고, 그 이후에 디자인이나 프로그래밍 과정을 거칠 수가 있잖아요? 플래시로 하루나 이틀만에 프로토타입을 뚝딱 제작하고 나면 디자인 과정이 굉장히 편했습니다. 그 움직임을 직접 보면서 디자인을 하니까요. 디자인 요소의 크기와 움직임을 만드는 작업이 굉장히 부드러웠습니다. 이렇듯 플래시 게임을 만드는 작업은 다른 게임 개발 작업처럼 디자인을 개발자에게 넘기고 세월아 네월아 기다리는 프로세스가 아니었어요. 만들어보다가 "어, 이거 크기가 안 맞아보이는데?" 이러면 "그래요?"하고 바로 고치고, 적용해보고 괜찮다 싶으면 "이렇게 가자"고 넘겨지는 과정, 소위 티키타카가 잘 맞았습니다. 구현을 해봤을 때 막상 우리가 생각했던 그런 느낌이 아니면 게임 구조를 바꾸는 것도 굉장히 쉬운 편이었고요. 다시 생각해보면 개발자분들의 능력이 굉장히 좋으셨던 것 같네요.

그렇게 만들어진 플래시 게임이 서비스될 때 반응은 어땠는지 궁금해요.
그 당시에 플래시 게임이 서비스되었던 화면은 현재 몇 명이 플레이하는지를 함께 보여주었는데요. 방금 릴리즈한 따끈따끈한 게임이 실시간으로 플레이되는 수를 보면서 "와 이걸 지금 몇백 몇천 명이 한다고?" 했어요. 그리고 댓글란에 재미있다는 말들이 실시간으로 달리니까 그 느낌이 참 색다르고 신났던 것 같습니다. 반응을 수집하고 분석해서 "2탄을 만들어보자", "빌드업 해보자"하고 논의가 진행되기도 했고요. 사용자들과 상호작용이 신속했고, 그 피드백을 개발에 적용시키는 일이 쉽고 하니까 좋았습니다. 일 하는데 재미가 있었죠.

플래시 게임팀에서 마지막에 진행했던 프로젝트는 어떤 것들이었나요?
제가 마지막으로 했던 프로젝트 중 하나는 개발 기간이 몇 개월 정도 되었던 큰 규모의 게임이었습니다. 〈퍼니 아일랜드〉라고, 게임월드 내에 상점이 있어서 물건을 매매해 시세차익을 얻고, 밤이 되면 빙고 게임장에

전 한게임 플래시 게임팀 인터뷰

놀러가는 구조의 게임이었어요. 여러 개의 개별 플래시 게임들이 한데 모인 큰 규모의 플래시 게임이었던 거죠. 돈을 많이 벌면 놀이동산도 지을 수도 있었고요. 그 때가 플래시 게임이 게임으로서 과도기에 위치했다고 볼 수도 있을 것 같습니다. 점점 버전업이 될 수록 구현되는 것이 많아지고, 여기에 부응해서 다양한 것들을 시도하고 개발했죠.

한게임 플래시 게임 〈퍼니 아일랜드〉

그러다가 2007년, 2008년에 모바일 게임이 막 부흥할 때, 회사에서도 플래시 게임들을 모바일에 이식할 수 있느냐를 논의했어요. 회사가 가진 게임 자산이 이렇게 많은데 넣어보자는 것이었죠. 제가 만들었던 플래시 게임을 모바일 플랫폼으로 이식하는 프로젝트가 있었습니다. 하지만 모바일 이식 버전의 퍼포먼스가 플래시만큼 안나왔어요. 플래시 게임 중에서 캐릭터를

큰 회사의 가벼운 게임

드래그해서 날리는 게임이 있었는데요. 그 게임을 모바일로 바꿔서 테스트 해봤더니, 날아가는 모션이 뚝뚝 끊어질 정도로 퍼포먼스가 좋지 않았습니다. 이러면 플래시의 손맛이 나지 않을텐데, 안되겠다는 생각을 했죠. 결국 플래시는 모바일에서 안된다, 힘들다는 결론을 내렸습니다. 모바일 환경에 맞도록 새로 만드는 방향으로 결정이 되었죠.

일본에 가기 직전에 큰 플래시 프로젝트가 있었어요. 〈와플〉이라고, 웹사이트도, 게임도, 서비스도 전부 플래시로 제작하는 컨셉이었죠. 이런 프로젝트가 진행이 될 정도로 플래시로 안되는 게 없다고 저도 생각을 했었고, 회사에 그렇게 보시는 분들도 많았습니다. 그 프로젝트는 궁극적으로 런칭이 되진 못했지만, 당시에는 플래시가 정말 모든 것을 다 가능하게 했다고 평가했던 기억입니다.

그 당시에 플래시라는 기술에 대한 인상은 어땠나요?
플래시 전에 디렉터라는 프로그램이 있었다고 들었습니다. 애니메이션을 만들기에 부족한 기능들이 많았는데, 이후 플래시를 사용하면서 제작이 편해졌다고 하더라고요.

전 한게임 플래시 게임팀 인터뷰

123

한마디로 '노가다'로 해야했던 것들이 플래시에서는 쉽게 구현할 수 있었던 것입니다. 한 장씩 촬영을 하거나 그려서 붙이는 전통 애니메이션 기법도 초반에 했다가 플래시를 배우면서 키프레임의 편리함을 알게됐죠.

지금은 회사 생활을 9년 정도 하고 퇴사를 하고 창업을 했지만, 처음 들어갔던 플래시 게임팀이 정말 재미있었어요. 저는 그림쟁이였으니까, 그동안 했던 일들이 굉장히 1차원적이었거든요. 회사에 들어와서 이전에는 상상도 할 수 없을만큼 다양한 요소들을 움직이고 반응하도록 하는 그 때의 충격과 신선함이 아직까지도 생생해요. 플래시가 점점 발전하고 나서는 포토샵이나 일러스트레이터를 거치지 않고 그 자체 내에서도 디자인을 건드릴 수 있게 되었던 것도 놀랐고. 지금도 기억나는 일은, 펜 툴로 그린 도형이 세모가 되고 네모가 되는 변화 기능이 있었는데, 점점 기능이 좋아져서 막 물방울이 떨어지는 것처럼 연출할 수도 있었습니다. 하나하나 그림을 다 그리지 않아도 되고, 그것이 자유자재로 움직이는 것도 신기한데, 스크립트를 붙이면 점프하기도 하고, 부딪히기도 하고요. 그림으로 연출하기 어려웠던 것들이 스크립트로 적절히 구현되었던 건 지금 생각해도 신기합니다. 그리고 원하는 작업을 하기 위해 비싼 장비를 들여야했던 것들도 플래시 하나로 가볍게 테스트 해볼 수도 있었어요. 돌이켜보면 플래시 덕분에 작업 실력을 쌓을 수 있던 것 같습니다. 고된 부분은 개선하고 크리에이티브 자체에 집중하게 해준 툴이 않았나 생각해요.

플래시의 후속작인 애니메이트 CC를 요즘도 주로 사용하신다고 들었어요.
현재 저는 회사를 운영을 하면서 이모티콘을 제작하고 있는데, 플래시는 더이상 쓰지 않고 어도비 애니메이트 CC라는 툴을 쓰고 있습니다. 사용하는 여러가지 툴 중에 하나가 애니메이트예요. 애니메이트는 플래시와 애니메이션 제작 부분이 거의 똑같아요. 작업을 하는 방식, 구조 이런 것들이 거의 비슷하게 들어가있습니다. 물론 더 애니메이션에 최적화되었죠. 키프레임이라든지, 무비클립이라든지, 라이브러리에서 가져와서 모션을 준다든지, 트윈이라든지, 대부분 남아있어요. 그래서 애니메이트 CC에 빠르게 익숙해졌습니다. 플래시의 향수가 느껴지는구나 하고 말이죠.

전 한게임 플래시 게임팀 인터뷰

125

플래시 게임 제작과 지금 이모티콘을 만드는 일이 가지는 연결점이 궁금합니다.

기존 플래시 게임에서 캐릭터가 감정을 표현하고, 먹고, 죽고 이런 것들이 있었는데, 그 부분을 그대로 따와서 이모티콘으로 만들고 있는 느낌입니다. 그래서 이모티콘 영역에 빠르게 적응할 수 있었어요. 캐릭터 애니메이션에 대한 이해가 있었으니까요. 그러고보니 저에게 플래시와 이모티콘 작업은 밀접하게 연결되었네요. 2000년대 당시의 웹 문화는 우스워서 공감되는 것들이 있었어요. 엽기, B급 같은 코드들이 사람들이 재미있어하고 공감했던 포인트였죠. 마시마로 엉덩이가 복숭아로 변하는 모습은 지금 다시 봐도 웃기잖아요. 저희는 큰 포털 서비스 안에 있다보니까 예쁘게 다듬어왔지만, 다른 직원분들이 입사하기 전에 개인적으로 만들었던 것을 보면 소위 병맛을 소재로 한 것들도 많았습니다. 똥을 싸는 게임을 만들어도 아무런 거리낌이 없고, 실제로 심의도 없는 그런 문화가 주는 힘이 어마무시 했었거든요.

플래시라는 것을 통해서 사람들에게 친근하게 다가갈 수 있었습니다. 설치하지 않아도 되고, 브라우저만 열어도 쉽게 할 수 있고, 그러다보니까 모든 것을 잘 다듬어서 보여주기보다는 사람들이 공감할만한 코드들을 분석했죠. 이모티콘도 마찬가지입니다. 플래시 게임의 캐릭터가 아무리 이쁘고 귀엽더라도 흥미가 없으면 사람들은 더이상 게임을 하지 않았어요. 그런 코드가 결국 공감되고 어필이 되면 외형적 강점을 올려줘서 더 재미있게 즐길 수 있다고 봅니다. 이모티콘을 보낼 때 이미지만 공유하는게 아니라 내 감정을 공유하는게 목적이니까요.

떠나보내는 현 시점에서, 플래시에 대한 회고를 남기신다면.
저에게 플래시는 단순한 도구가 아니라, 계속 새로운 것들이 구현될 수 있는 크리에이티브의 수단에 가까웠습니다. 이전보다 더 많은 것을 쉽게 구현할 수 있었던 플래시를 통해 디자인적으로 연구하는 습관을 길러왔던 것 같아요. 그런 재미를 느꼈던 기억이 가장 큽니다. 현재는 플래시를 사용하지 않지만, 그 때의 감성적인 부분이나 애니메이션 스킬이 다른 도구들을 쓰더라도 유지가 되고 있죠. 도구 이상의 창작의 지대랄까. 플래시 덕분에 계속 자극을 받았던 것 같습니다. 끊임없이 "와! 이런 것도 된다" 하면서요. 물론 요즘에는 기술이 발전해서 3D, 4D도 나오고 대단하지만, 개인적인 기폭제로서는 플래시만한게 없었다고 생각해요.

전 한게임 플래시 게임팀 인터뷰

127

고군분투 끝에 탄생한 플래시 게임

> **ℹ**
> 류재규
> (전 한게임 플래시 게임 기획자,
> 현 네이버 제트 리드)
> 한게임에서 횡스크롤 플래시 게임 〈고군분투〉를
> 기획·제작했다. 이후 NHN에서 LINE용 퍼즐
> 게임 기획·제작, 엔씨소프트의 첫 모바일 게임
> 프로젝트인 〈리니지 레드나이츠〉의 PD 등 유명
> 모바일 게임들의 제작에 참여했다. 현재는 네이버
> 제트에서 모바일 아바타 소셜 앱 〈제페토〉의 3D
> 가상공간인 제페토 월드, 제페토 게임 등의 제작을
> 맡고 있다.

과거 한게임에서 어떤 일을 하셨는지 궁금합니다.
NHN에 2005년에 입사했습니다. 한게임 내부에서
제작하는 게임들은 주로 보드게임류가 많았어요.
고스톱이나 포커 같은 소위 '고포류'가 있었고, 캐주얼한
보드게임 중에서는 〈사천성〉, 〈상하이 마작〉 같은
것들이 있었죠. 그중 저는 캐주얼 쪽의 기획자로 입사를

큰 회사의 가벼운 게임

했습니다. 그러다가 플래시 게임팀에서 일하게 되었어요. 플래시 게임팀에서는 사이트 자체에 재방문율을 높일 수 있도록 다양한 미니 게임들을 만들고 있던 상태였고, 유저들이 오랫동안 할 수 있는 게임을 만들어보기 위해 여러가지 시도를 했었습니다. 나중에는 수집이나 성장적 요소가 들어간 대형 게임도 기획되었고, 플래시 미니 게임들도 2-3개월 정도로 개발 기간을 늘려 공을 들여서 만들게 되었죠.

당시 한게임 플래시에서 제작하신 게임들에는 어떤 것들이 있었나요?
〈트리플팡〉이라는 쓰리매치 게임이 있었고, 기존 한게임 〈상하이 마작〉에서 120개 정도의 맵 데이터를 플래시 게임으로 가져와 스토리를 덧붙여 만들었던 〈신 상하이 마작〉 같은 게임도 있었어요. 그 다음에 만들었던 것이 〈고군분투〉입니다. 이외에도 〈샤이린〉이라는 퍼즐게임이 있었는데, 음악에 맞춰서 블럭을 한붓 그리기로 드래그하는 방식의 퍼즐 게임이었어요. 다양한 게임들을 만들고 또 출시했던 기억이 나네요.

한게임에서는 계속 플래시 게임 팀에 계셨나요?
플래시로 멀티 플레이 게임을 만들어보는 프로젝트도

전 한게임 플래시 게임팀 인터뷰

시도했지만, 당시에 유니티라는 게임 엔진이 나오면서 과도기에 있던 시절이라 결국에는 무산되었어요. 그 다음에 아이폰3GS가 출시되면서 모바일 시장이 부흥했고, 스마트폰 사업부로 직무를 옮겨서 피쳐폰에 있던 게임들을 스마트폰용으로 옮겨 퍼블리싱하는 일을 했습니다. 비슷한 시기에 카카오톡에서는 〈애니팡〉을 서비스해서 대박을 냈어요. NHN 계열 메신저인 라인 쪽에서 게임이 필요한 상황이어서 스마트폰 사업에서 다시 게임 제작으로 역할을 바꿔 라인의 퍼즐 게임 기획, 제작에 참여했습니다.

이후 NHN에서 투자를 받아 창업을 했습니다. 그곳에서 모바일 게임을 중심으로 몇 년간 게임 제작사의 대표로 재직하다가, 엔씨소프트에서 리니지 IP로 신규 모바일 게임을 만드는 프로젝트에 참여하면서 같이 일하던 분들과 함께 모바일 게임팀을 결성했습니다. 그리고 2016년 말에 엔씨소프트의 첫 모바일 게임인 〈리니지 레드나이츠〉라는 게임을 출시했죠. 지금은 네이버 제트라는 회사에서 아바타 소셜 앱 〈제페토〉에 있습니다.

한게임 근무 당시 분위기는 어땠나요? 2000년대 개발 환경이 궁금해요.

큰 회사의 가벼운 게임

130

회사 분위기가 정말 좋았던 것으로 기억합니다. 오전 10시에 출근하는 직장이 주변에 많이 없었거든요. 회사에 가면 김밥, 샌드위치, 햄버거, 음료수 이런게 쌓여있었습니다. 지금은 네이버 건물이 크게 있지만, 당시에는 성남에 사무실이 건물 몇 개로 나눠져있었어요. 그 일대에 NHN의 출퇴근 버스만 몇십 대가 운행되기도 했어요. 다른 팀이랑 건물이 떨어져있어서 기획자로서 건물을 뛰어다니면서 일했던 기억도 납니다. 당시 젊었던 때라 회사 분위기가 좋아서 즐거웠고, 직원 복지도 좋았던 걸로 기억합니다.

한게임 내에서 플래시 게임 분야는 무료로 제공되는 서비스다보니 매출의 압박은 상대적으로 적었습니다. 캐주얼하게 즐기는 유저 집단이 형성되고, 그 유저들이 한게임 내의 다른 게임이나 네이버의 유저가 될 수 있도록 하는거죠. 네이버 카페에 플래시 게임을 서비스하기도 했는데, 〈고군분투〉는 특히 랭킹을 두고 경쟁하며 놀기 좋은 게임이었습니다.

많은 사람들이 기억하고 있는 플래시 게임 〈고군분투〉의 제작 스토리는 어땠나요?

〈고군분투〉의 출시가 2007년 쯤이었어요. 게임의

전 한게임 플래시 게임팀 인터뷰

131

컨셉 아이디어는 같이 일하던 디자이너 분이 냈습니다. 기획자들은 초기 게임 기획 단계에서 파워포인트로 시스템이나 재미요소를 다른 팀원에게 프리젠테이션을 하는데요. 그 회의 자리에서 프로그래머와 디자이너들도 자유롭게 아이디어를 냅니다.

저는 중학교 때 세가(SEGA)의 콘솔 게임기 메가 드라이브로 〈소닉 더 헤지호그〉(Sonic the Hedgehog)라는 게임을 했던 기억이 있습니다. 파란색 고슴도치 캐릭터가 마구 달리면서 링을 먹고 점프도 하고요. 거기에서 받았던 영감이 더해지면서 그 아이디어로 재미있는 게임을 만들 수 있겠다는 확신이 생겼죠. 프로그래머, 디자이너, 기획자, 그리고 사운드 디자이너까지 3-4명이 팀이 되면 플래시 게임을 만들 수 있었고, 〈고군분투〉를 만들기 위해 팀을 구성해서 회사에 보고를 했습니다.

고군분투에서 '닌자 고양이'라는 기획은 처음에 회의하면서 다같이 정했어요. "고양이 어때?", "좋네" 그러다가 '고군'이라는 캐릭터 이름 아이디어가 나오면서 게임 이름이 고군분투가 되었어요. 추가로 엑스박스 콘솔 게임에서 〈닌자 가이덴〉(Ninja 外伝)이 떠오르면서

큰 회사의 가벼운 게임

닌자라는 아이디어가 나왔습니다. "닌자 좋아! 그러면 밤에 달려야겠네"라는 식으로 기획이 좁혀졌죠. 게임 방법을 설명하는 튜토리얼에 좀 웃기게, "스파이더맨도 이 동영상 강의를 본다"는 둥 이런 말들을 써두었습니다.

2007년 제작된 한게임 플래시 게임 〈고군분투〉

총 개발 기간은 두 달 반정도 걸렸습니다. 처음 사람들에게 기획을 이야기했을 때는 반응이 그저 그랬어요. 그런데 내부 테스트를 두 달 가량 진행했는데, 반응이 난리가 났습니다. 정말 재미있다는 평이 나왔어요. 〈고군분투〉의 구조를 보면 6개의 스테이지가 있습니다. 고군 캐릭터가 뛰어 넘어야하는 기왓장의 배치, 점프하기 위해 와이어를 걸어야하는 곳, 그리고 획득해야하는 동전의 배치가 계속 바뀝니다. 엄청 많은 데이터를 미리 넣어두고 확률적으로 바뀌게 만들었어요. 그 데이터를 잡는 데에만 일주일이 걸렸죠. 동전 배치하는 툴을 따로 프로그래밍해서 만들어 사용하면서 직접 배치했습니다.

제작 과정에서 특별히 의도했던 부분들이 있으셨는지 궁금해요.

의도한 것중에 하나가, 배경에 위치한 고양이 석상의 표정이에요. 게임 오버를 당했을 때 뒤에서 씨익 웃는 겁니다. 미니 게임이다보니까 플레이어들이 다시 하고 싶은 마음이 있어야하잖아요. 처음 디자이너의 의도는, 동전 획득을 잘 해냈을 때 석상의 웃는 모습이 나오도록 하자는 것이었습니다. 그런데 제가 "죽었을 때 나오는게 더 재미있지 않겠냐"라고 말했고, 그렇게 적용 해봤더니 괜찮더라고요.

고군분투에는 제 인생 철학이 담겨있어요. "인생이란 돈만 쫓으면 안된다." 사실 이런 의도를 처음부터 가지고 시작했다기보다는, 동전을 하나도 놓치지 않고 모두 얻으려고 하면 떨어져 죽도록 설계된 부분들이 있는데, 그것을 보면서 제가 깨달음을 얻었다고 할까요. 그리고 이러한 설계가 미니게임에서 유저들에게 재도전을 유도하는 방법이죠. 어떻게보면 유저 입장에서 짜증이 날 수도 있습니다. 하지만 설득이 되는 짜증,

큰 회사의 가벼운 게임

134

그러니까 그것이 내 잘못이라는 교훈을 얻게 되면 또 괜찮아지거든요. 짜증은 나는데, 설득은 되고, 고양이 석상은 뒤에서 얄밉게 웃고 있고. '에잇, 다시 해보자' 이렇게 되는거죠. 제작 기간 중에 1-2주는 이렇게 동전들의 위치를 설정하고 난이도 밸런스 맞추는데에만 밤을 샜습니다.

그리고 완주했을 때 등장하는 게임 엔딩에서 제작자 이름들을 크레딧으로 써주고 싶었습니다. 제작자들이 만드는 맛이 있어야죠. 그래서 엔딩을 보면 제 이름을 비롯한 팀원들의 이름이 뜹니다. 제가 참여했던 게임들은 다 그렇게 크레딧을 붙여두었습니다.

시간을 앞으로 돌려서, 플래시를 처음 만나게 되었을 때의 이야기도 듣고 싶습니다.
윈도우 3.1에서 PC통신 하던 시절에, 이제 막 WWW에 대해서 알아가던 때가 있었습니다. 천리안, 하이텔, 나우누리에서 활동을 했었죠. 당시에는 인터넷이 전화선을 통해 연결하는 모뎀 방식이었는데, 한 달에 전화요금이 40-50만 원이 나올 때도 있었습니다. 그러다가 대학교에서 한 교수님이 "인터넷 해본사람 있냐"고 하시는 겁니다. 알고 봤더니 학과 웹사이트 만들 사람을 찾고 계셨어요. 저는 그래도 웹에 대한 이해가 좀 있던 상태여서 대학교 2학년 신분으로 석박사 선배들과 함께 웹사이트를 만들었습니다. 그런 경험을 바탕으로 제가 학교에서 인터넷 동아리를 만들었거든요. 그 즈음 플래시라는게 처음 나왔고 큰 감명을 받았습니다. 플래시라는 애니메이션을 재생하는 기술이 나왔다고 후배들에게 공유해줬던 기억이 있습니다. 애니메이션이 웹 브라우저에서 돌아가는 것을 봤을 때의 충격이 있었습니다.

플래시의 기술적 변화가 게임을 만드는 일에 어떤 영향을 주었을까요.

제가 게임을 만들 때에 버전이 플래시 플레이어 8인가였고, 액션스크립트도 2.0이었나 그랬는데, 나중에 점점 버전업이 되면서 고군이 달리는 속도가 많이 빨라졌습니다. 제가 의도한 속도가 아니었어요. 플래시 플레이어 성능이 바뀌니까 게임의 속도도 바뀌더라고요. 프레임은 부드러워졌는데, 속도도 함께 빨라졌습니다. 사실 원래는 조금 더 느려야해요. 크게는 아니고 조금, 저만 알 수도 있을 정도로요. 마지막 스테이지에서 일반 점프 버튼을 딱 한 번만 눌러야 통과할 수 있는 구간이 있거든요. 그 전에는 버튼을 더 눌러서 로프를 연결해

진행하는 방식이지만, 그 구간은 오히려 한 번만 눌러야 살 수 있는 거예요. 그런 부분들이 플래시 플레이어 재생 속도가 빨라지면서 정말 극악의 난이도가 되었습니다.

고군분투는 최근 인터넷 방송을 하는 스트리머들 사이에서도 인기가 아주 많은 게임인데, 관련해서 에피소드가 있으신지 궁금합니다.

저는 인터넷 방송을 보는 편이 아니었는데 2010년도인가, 다른 팀의 팀장님이 "아프리카TV에서 유명한 BJ가 있는데 새벽 2시만 되면 〈고군분투〉를 플레이 하더라"고 알려주시는 겁니다. "그래요? 참 고맙네요"하고 넘어갔는데, 얼마 있다가 다른 팀원도 똑같이 그 얘길 했어요. 그래서 그 BJ의 생방송에 들어가서 봤습니다. 너무 고맙더라고요. "이렇게 아름다운 분이 왜 이 게임을 좋아하시지?"하면서 쭉 지켜봤습니다. 그러다가 새벽 2시쯤 되었을 때에 방송 시청자수가 5천 명 가까이 있었는데, 갑자기 시청자들이 〈고군분투〉를 해달라고 채팅을 마구 올리는 거예요. 제 입장에서는 그 사람들이 얼마나 고마웠겠어요. 그래서 채팅창에 한마디 썼습니다. "이 게임, 제가 만든 게임입니다"라고요. 그랬더니 그 BJ분이 그걸 보고, "네가 이걸 만들었으면 내가 와우(월드 오브

전 한게임 플래시 게임팀 인터뷰

워크래프트)를 만들었다"고 대답하시더라고요. 계속 장난인줄 아시기에 제가 만든 게임을 플레이 해주신 감사의 의미로 별풍선을 보내드리고 그랬습니다.

캐주얼 게이머가 사랑한 플래시 게임

> **ℹ️**
> 임보라
> (전 한게임 플래시 게임 사업 PM, 현 카카오게임즈)
> 한게임 플래시에서 2005년부터 서비스 및 사업을 담당했다. 국내 아이폰 출시에 맞춰 모바일 게임 사업 PM으로 자리를 옮긴 뒤, 2012년부터 카카오, 카카오게임즈에서 모바일 게임 사업을 담당하고 있다.

플래시와 관련하여 어떤 일을 하셨는지 간단하게 소개를 부탁드립니다.

저는 2005년에 NHN에 입사해서 회사 생활을 처음 시작했어요. 그때 입사하자마자 담당했던 업무가 플래시 게임 서비스였습니다. 플래시 게임 사업을 맡았고, 중간에 윷놀이나 당구 같은 캐주얼 게임도 담당했었다가,

큰 회사의 가벼운 게임

아이폰이 출시되면서 모바일 게임 사업팀으로 옮기게 되었죠. 〈에브리 팜〉 같은 게임을 담당해서 런칭했고, 이후 카카오로 이직하게 되었습니다. 그때부터 약 8년 동안 카카오에서 모바일 게임 사업을 담당하고 있습니다.

한게임이 국내 최대 게임 포털이었던 2005년에 플래시 게임의 입지는 어땠나요?
다양한 게임이 모인 포털이지만 매출의 대부분은 고스톱과 포커에서 발생하는 구조였어요. 지금처럼 게임 도중에 광고를 보거나 아이템을 현금으로 구매하는 방식이 아니었기 때문에 제가 맡았던 플래시 게임은 수익이 발생하지 않는 서비스였죠. 하지만 한게임에 게임을 하러 오는 사람들이 세컨드 게임으로 플래시 게임을 많이 즐겼어요. 예를 들어, 고스톱과 포커에서 서비스 점검을 하거나 장애가 발생할 때면 플래시 게임의 이용자 수가 확 늘었습니다. 플래시의 경우 점검과는 관련이 없기 때문이었죠.

플래시 게임 사업팀의 타깃이나 서비스의 목표는 무엇이었나요?
메인 업무는 트래픽 관리였어요. 다른 서비스처럼 세세하게 타깃을 관리하진 않았습니다. 단지 "한게임

전 한게임 플래시 게임팀 인터뷰

유저들이 많이 들어왔으면 좋겠다"는 생각이 컸죠. 그리고 당시에 한게임 플래시 외에도 플래시 게임 포털이 여기저기에 정말 많았거든요. 경쟁 서비스 중에서 "우리 게임을 가장 많이 이용했으면 좋겠다" 정도의 생각이 있었습니다.

플래시 게임이란, 유저들을 데려오기 위해 광고를 집행하는 서비스가 아니었어요. 신작이 나왔을 때 한게임 메인에 배너를 거는 정도였죠. 아니면 한게임의 다른 게임에, 예를 들어 고스톱을 실행했을 때 클라이언트가 시동하는 동안 노출되는 배너에 플래시 게임 홍보물을 보여주면서 세컨드 게임으로 즐기도록 했습니다. 그 밖에도 한게임은 네이버와 같은 회사(NHN)니까 네이버에서 지원받을 수 있는 광고 영역이 있었는데요. 그 영역을 활용하기도 했어요. 물론 후속작을 꾸준히 내는 것도 신경 썼습니다. 〈상하이 마작〉이나 〈사천성〉 같은 시리즈는 유저 수가 줄지 않고 꾸준한 퍼즐 게임이었죠. 신규 게임의 경우 10대 이상의 연령대가 즐길 수 있는 게임을 제작했습니다. 다른 플래시 게임 사이트들이 어린 유저 군을 겨냥해서 자극적 표현과 단순한 구성을 보이는 게임을 주로 만들었던 것에서 탈피하고자 했습니다.

큰 회사의 가벼운 게임

회사 내부의 다른 게임들과 다르게 플래시 게임 사업만의 특이한 점이 있었을까요?

돈을 버는 게임이 아니었다는 점이 가장 크죠. 다른 게임들은 이번 달에 얼마를 벌었거나 혹은 벌 예정인가를 논했지만, 플래시 게임 팀에서는 이용자수가 중요 지표였습니다. 그 당시에 플래시 게임 웹사이트들이 굉장히 많이 늘어나고 있었기 때문에, 타 사이트에 유저를 빼앗기면 안 된다고 생각을 해서 제휴 마케팅이나 이벤트를 정기적으로 진행하기도 했죠. 예를 들면, 이미 제작된 플래시 게임들을 모아서 올림픽 시스템을 제작했어요. 플래시 게임 여러 개를 플레이하고 높은 점수를 모은 유저에게 경품을 줬죠. 이렇게 새로운 게임을 만들지 않더라도, 기존의 게임들을 배치하는 것만으로도 서비스가 활성화되었습니다.

한게임 메인 배너 영역을 두고 담당자들이 모여 자기가 담당하는 게임이 걸리게끔 서로 이야기했는데, 그런 자리에 가면 저는 할 말이 없는 편이었어요. 게임 서비스에 장애가 발생했을 때에도 분당 매출 손실이 나는 고스톱, 포커류의 우선 순위가 높았죠.

전 한게임 플래시 게임팀 인터뷰

141

그렇다고 다른 게임을 담당하고 싶다는 생각은 하지 않았던 것 같아요. 당시 플래시 게임은 랭킹 서비스를 제공했지만 유저가 1위를 한다고 해도 받을 수 있는 보상이 전혀 없었습니다. 게임 자체가 무료고, 남는 아이템도 없으니까요. 그런데도 수많은 유저들이 자신의 랭킹을 지키기 위해서 게임을 반복했고, 드물게는 해킹을 시도하는 일도 있었어요. 참고로 무료 게임일지라도 해킹 사실이 확인 되면 약관에 따라 처벌을 받아 한게임 전체 서비스를 이용하지 못 할 수도 있는데도요. 플래시 게임은 한게임의 간판 서비스도 언제나 주목을 받는 서비스도 아니었지만, 그 랭킹을 지키고 이름을 남기기 위해서 찾아오는 이용자들이 항상 있었습니다. 그렇게 관심을 갖고 좋아해주시는 분들이 있어서 플래시 게임을 담당하는 내내 보람이 있었어요.

조사하면서 흥미롭다고 생각했던 것은, 한게임에 서비스했던 〈당신은 골프왕〉의 심플 버전인 플래시 게임 〈당신은 홀인원〉을 만들기도 했다는 점입니다. 이런 사례들을 '메인 게임을 보조하는 버전으로서 플래시 게임 제작'의 측면이라고 볼 수 있을까요?
맞습니다. 〈당신은 골프왕〉은 클라이언트 설치가 꼭 필요했던 온라인 게임이었어요. 하지만 플래시 게임은

큰 회사의 가벼운 게임

142

설치 없이 바로 플레이 할 수 있는 장점이 있었죠. 따라서 원본 게임의 홍보를 위해서 주요 기능만을 살린 간단 버전을 플래시로 종종 만들었습니다. 플래시 게임 팀 입장에서는 기획의 수고를 덜면서 신규 게임을 제작할 기회이기도 했죠. 〈당신은 골프왕〉 외에도 〈아크로드〉, 〈건스터〉와 같은 게임도 플래시 게임 버전을 간단하게 제작했습니다.

지금 생각해보면, 이러한 홍보 방법이 아직 꽤 유효하다고 봅니다. 요즘에는 플래시가 없으니 HTML 게임으로 만들어 홍보할 수도 있겠네요. PC 플랫폼의 무거운 게임을 모바일에 맛보기용으로 출시하는 경우들도 여기에 포함될 수 있습니다. 다시 말해, 큰 게임의 홍보용 세컨드 게임을 제작하는 방식은 전통적이었던 거죠. 게임 사전예약 페이지를 보면 게임 소개와 스크린샷이나 동영상이 있지만, 그 게임을 실행하기 전에는 실감이 나지 않잖아요. 당시에 출시될 게임의 간단한 조작법을 구현한 플래시 게임을 제시하는 경우들이 흔했습니다.

한게임 재직 시절, 2000년대 말 플래시 게임을 종합하는 플랫폼 〈와플〉 프로젝트를 시도하기도 하셨다고 들었어요.

전 한게임 플래시 게임팀 인터뷰

네. 클라이언트 자체를 플래시로 만드는 새로운 기획도 했죠. 기존에는 웹사이트 내에서 플래시 게임을 했다면, 와플 프로젝트는 플래시 포털을 따로 클라이언트처럼 열어서 그 안에서 게임을 할 수 있도록 했어요. 그렇게 하면 각각 게임의 성과에 따라서 유저가 보상을 얻게 만들 수도 있는 기획이 가능한 거죠. 결국 프로젝트가 중도에 무산되었지만, 아마 그러한 기획이 플래시 전성기 때의 시도였다고 볼 수 있습니다.

프로젝트가 무산된 이후로, 플래시 자체에 대한 기대도 한풀 꺾였다고 볼 수 있을까요?

그렇죠. 지금 돌이켜 생각해보면, 그 프로젝트를 접고 모바일 사업에 전념한 회사의 결정이 잘한 것 같다고 봐요. 덕분에 한게임이 모바일 게임 사업을 그렇게 늦지 않게 진입할 수 있었어요. 그리고 플래시 게임 중에서 퍼즐 게임 장르들이 굉장히 많았거든요. 한게임은 퍼즐 게임에 강했기 때문에 모바일 게임 사업을 시작하는 데에 많은 도움이 되었죠. 모두가 스마트폰 게임이 처음이었으니, 초창기에 나왔던 게임들은 거의 대부분이 기존의 플래시 게임에 있던 게임들이 포팅되다시피 했습니다.

큰 회사의 가벼운 게임

자연스럽게 캐주얼 게임에 대해 이야기 나눠보면 좋을 것 같아요. 일반적으로 유명한 게임이나 매출 높은 게임을 떠올렸을 때 RPG 장르를 떠올리기 마련인데요. 사실 다운로드 수나 유저 수가 많은 게임은 플레이릭스(Playrix)의 〈꿈의 정원〉 같은 게임이기도 합니다. 매출 지표로 파악되지 않는 게이머 집단, 이러한 '캐주얼 게이머'들은 어떤 사람들일까요?

제가 담당하는 사업은 캐주얼 게임에 집중되어있어요. 돈을 버는 것으로 보면, RPG가 다 매출 상위에 있습니다. 그런데 유저수를 보면, 캐주얼 게임 유저가 훨씬 많아요. 글로벌 기준으로 봤을 때 게임 인구가 점차 증가하고 있고, 국내만 봐도 모바일을 가지고 있는 사람들의 많은 부분이 게임을 즐기고 있습니다. 10대 중에서는 70-80%가 모바일 게임을 즐긴다고 이야기를 하는데요. 그 대다수가 캐주얼 게임에 분포되어 있어요. 캐주얼 게임을 차지하는 인구수 자체는 정말 많아요. 무엇을 캐주얼 게임이냐고 부르느냐에 따라서 다르겠지만요.

우리나라와 일본 시장이 특이하지만, 그 외 나라들을 보면 캐주얼 게임이 매출의 상위에 올라와있습니다. 그 매출은 광고매출이 잡히지 않은 경우에요. 실제로는

전 한게임 플래시 게임팀 인터뷰

145

캐주얼 게임회사가 더 많은 매출을 내고 있어요. 게임을 제작하는 입장에서 봤을 때, 항상 캐주얼 게이머를 고려하는 것은 중요해요. 연령대도 마찬가지로, 어릴 때 게임을 처음 접하는데 어떤 부모가 무거운 RPG 게임을 쥐어줄까요. 다들 캐주얼 게임 장르로 게임을 시작을 하는거죠.

자신을 게이머라고 생각하지 않는 유저들이 굉장히 많거든요. "나는 애니팡만 해서 게이머는 아니야" 라고 하는 사람들. 자기가 직접 찾아서 게임을 즐기지 않는 사람들, 그런 사람들이 다 캐주얼 게이머인거죠. 모바일 게임이 나오기 전에 이미 성인이 된 사람들이 많잖아요? 어머니 세대의 경우, 모바일 게임을 처음 접한 경험이 카카오톡 지인에게 게임 메시지가 왔기 때문인 경우가 많아요. 이렇게 캐주얼 게이머로 접어들게 되는거죠.

말씀하셨듯이 캐주얼 게임이 첫 게임이 되는 것 같아요. 지금 20대와 30대 초반의 사람들에게, 인생에서 처음 해본 게임이 플래시 게임이었던 경우가 많습니다. 예를 들면, 쥬니어네이버처럼요. 요즘은 엄마들이 애들한테 핑크퐁을 보여주잖아요. 그런데 예전에는 쥬니어네이버를 틀어줬단 말이죠.

얼룩말 글씨가 나오면 얼룩말 그림을 클릭했던 굉장히 안전한 게임들이었죠. 여담이지만, 우리나라는 게임이 심의를 받아야 서비스를 할 수 있습니다. 하지만 교육용 게임들은 심의를 받지 않아도 됐어요. 플래시 게임을 똑같이 서비스하고 있더라도 한게임에서 일하는 저는 심의를 받았어야했고, 쥬니어네이버는 그냥 서비스할 수 있었죠. 쥬니어네이버용 플래시 게임을 한게임에도 서비스 하기로 하면서 새롭게 심의를 받아야한 경우도 있었어요. 똑같은 게임이더라도, 쥬니어네이버는 교육용이라는 성격에 너그럽게 받았다면 한게임은 누가봐도 교육의 분위기가 아니라 심의를 받아야했던거죠.

장르에 대한 이야기를 더 하면 좋을 것 같아요. 캐주얼 게임에서 퍼즐 게임은 어떤 위치에 있나요?
퍼즐 게임은 그냥 왕도 같아요. 플래시 게임이 나오기 전부터도 있었고, 시간이 지나도 변하지 않고요. 특히 쓰리매치 방식은 발명된 지 한참 됐는데 아직도 제일 인기 있는 장르죠. 〈애니팡〉이 대표적인 쓰리매치 게임이고, 같은 것을 터트리는 퍼즐 방식도 있습니다. 또는 상하이 마작처럼 짝을 연결하는 방식도 있는데, 가장 인기 있는 것은 쓰리매치예요. 플래시에서도, 모바일에서도요.

퍼즐 게임은 기본적으로 유저층이 변하지 않고 유지되는 면이 있어요. 소재에 따라 달라질 뿐이거든요. 플레이릭스의 〈꿈의 정원〉은 30-40대 이상 여성 유저를 타깃으로 만들었지만, 현재 전 연령대가 즐기고 있습니다. 퍼즐 게임 유저들은 나이가 많은지, 적은지 갈릴 뿐이지 유저풀은 항상 존재하고 유지가 되는 부동층이 있습니다. 하지만 퍼즐 게임은 기본적으로 혼자하는 게임이잖아요. 〈꿈의 정원〉도 친구의 집에 놀러 갈 순 있지만, 게임을 같이 협동해서 할 수는 없는데, 어린 유저들은 다른 사람과 같이하는 게임을 좋아하죠. 요즘 10대들이 원하는 생활에 퍼즐은 잘 맞지 않기도 해요.

책 *Flash: Building the Interactive Web*에서는 플랫포머 게임의 제작이 플래시 커뮤니티의 발전에 도움을 주었다고 보고 있어요. 캐주얼 게임의 한 부류로서 플랫포머, 그러니까 점프를 하며 장애물을 넘는 장르에 대해 첨언을 해주신다면.
플래시 게임 시대에 〈고군분투〉와 같이 횡스크롤 방식의 달리고, 점프하고, 아이템을 얻는 방식이 굉장히 인기 있었어요. 다른 게임과 다르게 저연령대의 남성 유저들도 많이 좋아했습니다. 모바일 게임 영역에서,

큰 회사의 가벼운 게임

148

2012년이나 2013년쯤 〈쿠키런〉이 엄청나게 히트했기 때문에 횡스크롤 런(run) 게임들이 시장에 쏟아졌어요. 전 세계적 누적 게임 다운로드 수로 지금 〈써브웨이 서퍼〉(Subway Surfers)가 1위일 거예요. 압도적입니다. 런 게임들은 아슬아슬한 손맛을 내는 것, 어떤 소재를 사용했느냐가 관건이지 기술적인 난이도가 아주 어렵지 않은 축에 속했어요.

마지막으로, 플래시의 사망 선고를 듣게 되었을 때 어떤 기분이 드셨는지도 궁금해요.
저는 제작한 사람은 아니라 감상이 다를 수도 있는데요. 플래시가 종료 소식 전에, 그러니까 2012년에 맥을 사용하게 되었을 때 플래시가 맥에서 구동이 잘 안 되고 오류가 많았어요. 윈도우에 익숙했던 터라 '도대체 왜 안될까?'라는 반응을 가지고 있었어요. 그래서 플래시가 당연한 것이 아니라는 사실을 처음 알게 되었죠. 저는 게임사에 몸담고는 있지만 소프트웨어의 역사에 대해서는 잘 모르거든요. 공식 지원 중단 발표를 봤을 때, '시대가 바뀌는구나'라고 생각했어요. 마음이 아쉽다기보다는, '지금의 환경과 안 맞는구나'에 더 가까웠죠.

전 한게임 플래시 게임팀 인터뷰

149

피쳐폰이 스마트폰으로 대체되듯이 '자연스럽게 사라지는 거구나. 또 다른게 나오겠지'의 감상이었습니다. 저는 플래시 게임의 열렬한 플레이어도 아니었고, 플래시 게임 서비스를 했지만 직접 제작한 것은 아니었기 때문에 감정적인 아쉬움은 없었던 것 같네요.

다른 기술이 그래왔듯이, 플래시 세대교체를 보며 덤덤함을 느끼셨네요.
네 맞아요. 이제는 더이상 게임을 할 수 없게 되었다는 생각도 들지 않았던 이유가, 플래시 게임의 형식은 이미 하이퍼 캐주얼 장르라는 이름으로 나타나고 있고, HTML5 기술로도 다시 등장하고 있다보니 예전의 것들을 못한다는 개념은 또 아니었던 것 같아요. 예전에 만들었던 플래시 게임을 지금 또 얼마든지 구현해낼 수 있잖아요. 너무 매정한가요?

컴퓨터 화면에서 똑 떨어진 물방울 하나 → 한국 1세대 플래시 디자이너 설은아 인터뷰

한국 1세대 플래시 디자이너 설은아 인터뷰

151

2021.01.13 플래시 서비스 차단 1일째

플래시와의 운명적 첫 만남

태현

PC통신부터 초고속 인터넷의 시대를 거쳐온 다채로운 웹 문화의 역사가 있습니다. 그 과정에서 등장한 플래시는 인터넷이라는 것의 모양 자체를 바꾸어 놓는 계기가 되었죠. 1990년대 말부터 1세대 플래시 디자이너로 활동한 설은아 님은, 한국에서 인터랙티브 웹 디자인의 초기 모습을 확립한 사람 중 한 명입니다. 2001년 제작된 영화 〈엽기적인 그녀〉 웹사이트는 문화사적으로 중요한 사료이기도 합니다. 설은아 님과 함께 플래시가 부상하기 시작했던 때의 이야기를 나눠보겠습니다.

은아

저는 웹이 없었을 때부터 살았던 세대예요. 다른 사람과 연결되어서 소통한다는 느낌은 고등학교 시절 PC통신 모뎀 연결에서 처음 접했습니다. 기존에 소통 수단으로 전화가 있었지만, 커뮤니케이션이 1:1 실시간 방식이었던데 반해, PC통신은 수많은 사람이 동시에 접속하는 곳이자 사람들이 만들어 놓은 커뮤니티가

컴퓨터 화면에서 똑 떨어진 물방울 하나

존재하는 곳이었어요. 익명의 사람들과의 소통 경험은 무척 신기했습니다. 모뎀이다보니 통신 속도가 매우 느렸고, 0과 1만 활용하는, 그러니까 색깔도 두 가지밖에 없는 화면이었지만요.

모뎀 연결 시대 이후에 웹이라는 것이 우리 일상에 들어오기 시작했을 때, 처음에 사람들은 어떻게 표현해야 할지 잘 몰랐어요. 종이에서 이어져 온 활자 중심의 디자인이 주를 이뤘던 시절이었죠. 야후의 웹사이트를 들어가도 온통 텍스트만 있었습니다. 야후 외에도 라이코스(Lycos), 알타비스타(Altavista) 등등. 이렇게 텍스트 기반의 정보 공유가 대세였던 시절에 플래시라는 도구는 영상과 사운드가 삽입된 오감 체험을 가능하게 한 마스터 툴이었습니다. 덕분에 웹 경험이 풍성해졌을 뿐만 아니라 디자인부터 개발까지 플래시 안에서 해결할 수 있었어요. 지금도 그만한 툴은 없는 것 같아요. 이제는 개발과 디자인이 전문화되면서 각각의 영역 위에서 맞물려가고 있죠.

    태현
플래시를 처음 만나게 된 계기가 굉장히 운명적이었다고 들었습니다.

한국 1세대 플래시 디자이너 설은아 인터뷰

153

은아

저는 대학에서 디자인을 전공했는데요. 처음에 배웠던 것은 매킨토시에서 포토샵, 일러스트의 사용 방법이었어요. 어느 날 수업 과제를 제출 기한을 지나 완성했던 적이 있어요. 그 바람에 교수님 사무실로 직접 제출해야 했습니다. 부랴부랴 과제물을 가지고 사무실에 갔죠. 거기에서 교수님의 동료분들이 디자인 작업을 하고 계셨어요. 마침 점심시간이어서, 그분들이 저에게 잠시 사무실 좀 지켜달라고 부탁하셨습니다. 저는 일개 대학생 신분으로 텅 빈 사무실에 혼자 있었죠.

기다리는 동안 사무실을 쭉 둘러봤는데, 어떤 컴퓨터 화면에서 물방울이 그려져 있었어요. "이게 뭐지?"하고 마우스 커서를 물방울 위로 올렸는데, 갑자기 또르르 흘러내렸습니다. 굉장히 놀랐죠. 제가 뭔가를 잘못한 줄 알았어요. 기존에 포토샵이나 일러스트 작업 화면에 마우스 커서를 올린다고 변화가 일어난 적은 없었거든요. 그때가 컴퓨터와의 인터랙티브 경험을 처음 느꼈던 순간이었습니다. 살아있는 그 느낌, 정말 재미있었어요. 그분들이 다시 돌아오시고 저 화면이 무엇인지 물어봤더니, 플래시라는 이름의 기술이라고 말해주셨습니다.

컴퓨터 화면에서 똑 떨어진 물방울 하나

저는 그 당시 PC통신을 좋아하고 열심히 하고 있던 상태였어요. TV보고 라디오 듣던 것과 다르게 실시간으로 누군가와 소통한다는 점을 즐기고 있었죠. 그런데 플래시라는 툴을 통해 저의 디자인 작업을 전 세계 다른 곳에 있는 사람들이 누르고 만질 수 있다는 점을 알게 된 순간, '이거 정말 재밌다'고 생각했습니다. 당시 플래시 버전이 매크로미디어 플래시 2일 때였어요. 플래시에 관해서 더 공부하기 위해 서점에 갔더니, 교본서에서 플래시의 기본적인 벡터 애니메이션 만드는 법을 소개하고 있었던 시절이었죠. 그때가 저의 인생에서 무언가에 끌림을 느꼈던 순간이었어요. 아무 이유 없이 재미있을 것 같은 설렘을 플래시가 줬죠.

　태현, 이선
과제 제출 기한에 지각하길 정말 잘했네요.

　은아
이렇듯 플래시는 정규 수업에서 배운 것이 아니라 개인적인 경험에서 시작하게 되었어요.

　태현
그 이후 세대는 학교에서 플래시를 배우게 되었죠?

한국 1세대 플래시 디자이너 설은아 인터뷰

은아
그럼요. 학부 졸업 하고 나서 제가 대학교에 플래시 강의를 나갔어요. 당시 플래시가 디자인계에서 신드롬 같은 영역이어서 시각 디자인과, 멀티미디어학과 등등 전부 기본 코스로 배우기 시작했습니다. 세계적인 컨퍼런스도 활발했고 참석표가 매진되고 그랬어요.

이선
국내에서는 처음 플래시를 배우실 때 정보가 많이 없었을 것 같은데요. 주로 어디에서 정보를 얻으셨나요?

은아
매크로미디어에서 발행하는 공식적인 매뉴얼들을 우선 많이 봤고, 무엇보다 전 세계 플래시 오타쿠들의 영향을 많이 받았습니다. 플래시를 자유자재로 가지고 놀던 사람들이요. 자기가 만든 것들을 마음껏 뽐내던 웹사이트들이 몇 군데 있었는데, 그곳에서 서로 소스 공유하고 다운받는 문화가 아주 활발했습니다. 매일 그런 커뮤니티들을 드나들면서 그들과 소통하고 배웠어요.

컴퓨터 화면에서 똑 떨어진 물방울 하나

이선
자기만 알고 있는 것이 아니라 서로가 자료를 개방하고 나눴던 문화가 있었군요.

은아
같이 배우며 성장하자는 분위기였습니다. 전 세계의 플래시 점조직이었죠.

태현
플래시의 등장이라는 글로벌한 흐름을 모두가 인식하고 함께 만들어가고 있다는 감각이 있던 것 같습니다.

은아
피부로 와닿는 신세계의 감각이죠. 무언가를 보여주기 위해 포스터나 책을 제작하면 인쇄와 유통이라는 복잡한 과정을 거쳐야 했지만, 웹사이트는 즉시 전 세계의 사람들이 볼 수 있어요. 퍼블리싱에 드는 비용이 거의 없고, 업데이트가 가능하고, 피드백도 빠르게 전달되는 상황이 획기적이었죠.

태현
지금은 다들 익숙한 것이 과거에는 새로운 감각이었군요.

한국 1세대 플래시 디자이너 설은아 인터뷰

은아
그때는 다들 처음이었어요. 장난감을 발견한 것처럼 순수하게 반응했죠. 그렇게 시작했던 초기 플래시 커뮤니티에 점차 고수가 등장하기 시작했어요. 몇몇 사람들이 엄청난 퀄리티의 작업을 올렸습니다. 플래시에 그런 기능들이 기본적으로 제공되지 않음에도 불구하고 구현을 해냈던 거죠. 스크립트를 해킹해서 새로운 것들을 만들어냈던 겁니다. 지금도 유명한 유고 나카무라(中村勇吾)가 그런 사람 중 하나였습니다. 국제 대회에서 수상하면서 일본의 인터랙티브 웹 분야에서 앞서갔던 사람이죠. 그 사람은 커뮤니티에 처음 등장할 때부터 그랬어요.

그리고 또 한 사람이 있습니다. 당시 플래시 구현 수준은 벡터 애니메이션에 소리를 넣는 정도였는데, 어떤 사람이 그 수준을 넘어서 영상 클립으로 모션 그래픽을 만들더라고요. 비트맵 이미지는 벡터 이미지와는 다르게 훨씬 더 풍부한 연출이 가능하다는 점을 활용한 사례였죠. 힐만 커티스(Hillman Curtis)라는 사람으로, 초기 플래시 디자인의 스타일을 확립했던 것으로 유명합니다.

컴퓨터 화면에서 똑 떨어진 물방울 하나

이렇게 점차 플래시가 대세가 되면서 플래시 국제 컨퍼런스들이 개최되었습니다. 미국, 유럽 각지에서 열리는 어워드가 있었는데, 그 어워드에 올라가는 것이 전 세계 명예의 전당이었죠. 국내의 경우 저와 이정원 대표가 협력해서 제1회 컨퍼런스를 열기도 했습니다. 2000년, 2001년쯤의 일입니다.

설은아닷컴

온라인에서 화제가 된 설은아닷컴

이선

처음으로 하셨던 플래시 작업이 무엇인지 궁금합니다.

은아

다시 말하지만, 아무도 없는 사무실에서 물방울을 떨어뜨렸을 때의 경험은 20년이 지나도 여전히 가장 매력 있는 순간이에요. 그 이후로 계속 습작을 해왔죠.

한국 1세대 플래시 디자이너 설은아 인터뷰

그리고 웹사이트 설은아닷컴을 만들기로 했습니다. 인터랙티브 모션 그래픽을 담아 1999년에 웹사이트를 정식 오픈했어요.

이선
어떤 웹사이트였는지 자세히 이야기를 부탁드려요.

은아
웹사이트를 보고 있는 사람들에게 주로 질문을 던지는 방식이었어요. 어떤 기분인지 물어보고 답변을 선택하면 모션과 음악이 변화하도록 했습니다. 수학 문제도 풀게 하기도 했고요. 다양한 것들을 할 수 있도록 만들었죠.

태현
지금 소셜 미디어가 "무슨 생각을 하고 계신가요?"라고 묻고 있는 방식을 개인 웹사이트를 통해 구현하신 거네요.

은아
그중에서 상징적인 것은 〈너와 나의 유사점〉이라는 작업이에요. "인생은 아름답다고 생각하나요?"같은 질문을 띄우고 사람들이 대답하는 구조였습니다. 그런 질문을 여러 개 던지고 답변을 얻어서 저의 답변과의

컴퓨터 화면에서 똑 떨어진 물방울 하나

160

유사점을 찾는 거죠. 커피 취향, 인생의 키워드 등등 다양한 것들을 물어봤습니다. 마지막에는 서로의 답변이 유사한 정도를 퍼센트로 제시하고, 그 사람이 했던 답변을 문장으로 조합하여 보여줬어요. 예를 들면 "저는「라떼」를 좋아하는데, 당신은「아메리카노」를 좋아하는군요"와 같은 식으로요. 또 다른 작업으로 〈forty+ers〉라는 것이 있었는데, 40명이 하나의 작품을 만드는 것입니다. 윤수일의 〈아파트〉라는 노래를 한 소절씩 나눠주고, 여러 사람이 조합하도록 했어요. 다 같이 한 소절씩 불러서 하나의 노래를 만드는 것과 같습니다.

저는 설은아닷컴을 총 2번에 걸쳐 오픈했습니다. 1999년에 웹사이트를 최초 오픈할 때는 "누가 볼까?" 싶은 생각이었죠. 그런데 사람들이 웹사이트를 정말 많이 봤어요. 지금 생각해도 신기해요. 그 다음, 2000년에 대학교 4학년 졸업을 앞두고 두 번째로 오픈했을 때는 더 잘 만들고 싶은 마음이 컸어요. 새롭게 배운 것을 조금 더 활용하고 싶었습니다. 누구나 인생에서 가슴 뛰는 순간들이 있잖아요? 저는 그 순간이 설은아닷컴의 두 번째 오픈일이라고 말하고 싶습니다. 소식을 듣고 수많은 사람이 방문했던 그 날, 가슴이 너무 벅차서 이틀 동안 잠을 못 잤어요.

한국 1세대 플래시 디자이너 설은아 인터뷰

이선
신기하네요. 소셜 미디어도 없던 시절에 웹사이트를 오픈했다는 소식을 어떻게 알릴 수 있었나요?

은아
소셜 미디어는 사용자가 가만히 있어도 소식이 배달되는 구조잖아요? 당시의 웹 환경은 원하는 정보를 스스로 찾아야 했어요. 주로 게시판 중심의 커뮤니티에 정보들이 올라왔습니다. "설은아닷컴 2차 오픈했습니다"라고 소식을 올리면 사람들이 능동적으로 접근했죠.

태현
정말 웹 서핑 그 자체네요.

은아
맞아요. 지금의 웹 서핑은 서핑이 아니에요. RSS 구독이 등장하기도 전이니까, 필요한 정보를 직접 찾아야 했습니다.

태현
도메인을 직접 타이핑 해서 접속하는 경우도 요즘에는 거의 없죠.

컴퓨터 화면에서 똑 떨어진 물방울 하나

은아
그래서 웹이 나오고 나서 누가 왕이 될 것인가에 대한 다양한 전망이 있었죠. 시장의 미래를 이메일로 봤던 그룹, 커뮤니티를 확보하고자 했던 그룹, 검색에 중점을 뒀던 그룹들의 팽팽한 싸움이 벌였어요. 웹 서핑을 너무 많은 곳에서 해야 하다 보니까 사람들이 검색창이 필요해졌고, 결국 구글이나 네이버 같은 곳이 왕이 될 수밖에 없었습니다.

태현
맞네요. 그 사이에서 플래시는 유저들이 콘텐츠를 스스로 만들어낼 수 있도록 했던 쪽에 있었죠?

은아
플래시는 꽤 친절한 툴이었습니다. 높은 숙련을 처음부터 요구하지 않고 일반 사람들도 누구나 다룰 수 있을 정도였죠. 많은 가능성을 열었던 친근한 툴이었어요.

태현
플래시 지원이 종료된 시점에, 설은아닷컴을 지금도 볼 수 있나요?

한국 1세대 플래시 디자이너 설은아 인터뷰

은아
링크를 통해 접속할 수는 있지만, 플래시 플러그인이 없다면 아쉽게도 볼 수 없습니다.

설은아닷컴 이후

태현
설은아닷컴은 개인적 작업의 차원이었습니다. 본격적으로 상업적인 디자인 영역에서 플래시를 무기로 활약하시기 시작한 기점과 계기는 어떻게 마련되었는지 궁금한데요.

은아
대학 생활을 마무리하면서 아티스트로 살까, 상업적인 작업을 할까, 아니면 취직을 할까 고민을 살짝 했어요. IMF 터진 직후라서 예전만큼 취업 문이 넓지 않았거든요. 그리고는 별 생각 없이 제 회사를 차렸어요. 학부 시절에 플래시 교본을 쓰면서 모아둔 수익이 있어서, 가지고 있던 개인 컴퓨터로 위험부담 없이 조그만 오피스텔 방을 얻어 개업했습니다. 그것이 제가 대표로 있는 회사 포스트비주얼의 시작이었어요.

저에게 가장 가슴 뛰는 지점은 경계선이에요. 최전방의 경계에 위치하는 것을 좋아합니다. 가장 먼저 변화를

컴퓨터 화면에서 똑 떨어진 물방울 하나

감지해내는 것이요. 경계에 있으면 아직 완성형이 아닌 상태에서 이제 막 선을 넘어오려는 것이 느껴지잖아요. 그것들이 경계를 넘어와서 일상에 젖어들까, 아니면 하나의 실험으로 끝날까를 예상하는 위치에 있었습니다. 플래시는 당시에 신기술로 떠오르면서 막 대중적인 선을 넘어오던 것이었죠.

저는 처음에 플래시가 굉장히 오래갈 줄 알았어요. 플래시가 점차 기술을 개발하면서 영상이 도입되고, 액션스크립트 적용, 3D의 구현까지 변화가 참 많았는데요. 그렇게 플래시 작업을 전문적으로 하던 나날들을 보내던 어느 순간, 무언가 느껴졌어요. '더이상 할 것이 없다'는 느낌이요.

저는 나이키 회사의 광고를 오랫동안 진행했습니다. 나이키는 디지털 마인드를 가진 회사로, 새로운 시도를 굉장히 좋아합니다. 서로 마음이 잘 맞았는데요. 저희 회사가 3명일 때부터 나이키와 계약해서 오랫동안 일을 해왔는데, 어느 날 나이키 글로벌 본부에서 공지가 내려왔어요. "플래시 말고 다른 것으로 변화하자. 블로그 형식으로 바꿔보자"라고요. 블로그라고 하는 것은 즉, 플랫폼을 개방하여 콘텐츠를 차곡차곡 쌓는다는

한국 1세대 플래시 디자이너 설은아 인터뷰

개념인데, 플래시는 그렇지 않거든요. 순간의 경험에 최적화하는 것이 중점이었죠. 그렇게 블로그 시대가 되면서 구독 서비스가 등장했어요. 그 이후에는 페이스북과 같은 소셜 미디어가 찾아왔습니다.

그다음의 변화는 모바일이었습니다. 아이폰 출시되면서 큰 변화가 있었어요. 플래시는 화면이 커야 해요. 화면도 크고 소리도 빵빵하게 나와야 합니다. 아이폰 이후로 모바일 퍼스트, 그러니까 PC보다 모바일이 더 우선이라는 분위기로 시장으로 변화하기 시작했어요. 모바일 환경은 표현의 제약이 커요. 이 작은 공간 안에서 어떤 것을 보여줘야 하는 것이었죠. 그래서 UX 개념이 커지고, 편하게 보는 것이 중요해졌습니다. 텍스트보다 한눈에 들어오는 이미지나 영상 콘텐츠가 더 힘을 얻게 되었고요.

영화 웹사이트

이선

설은아 님의 초기 작업으로 이야기로 돌아가면, 유명한 것 중의 하나가 바로 영화 웹사이트입니다. 개봉된 영화의 마케팅 차원에서 웹사이트 만들기가 당시 유행이었는데요. 영화 웹사이트란 단순히 영화

컴퓨터 화면에서 똑 떨어진 물방울 하나

정보만 보여주는 것이 아닌, 영화와 관련한 인터랙티브 요소나 간단한 게임까지도 제공했던 것이 특징입니다. 2000년대 당시로 돌아가서, 플래시를 활용하여 영화라는 소재로 인터랙티브 콘텐츠로 만든다는 생각은 어떻게 하셨나요?

은아
영화라는 소재가 플래시로 콘텐츠를 만들 수 있는 것 중에는 최고이지 않나 생각합니다. 스토리 안에 또 한 명의 관찰자로 들어가서 그들의 이야기를 경험하는 인터랙티브 스토리텔링이 플래시와 궁합이 좋았습니다. 영화 웹사이트를 만들었던 때 정말 미친 듯이 작업에 몰입했어요.

이선
영화 웹사이트에서의 경험이 즐거우면 극장으로 영화를 보러 가는 마케팅 방식이었는데요. 어릴 때 경험이지만, 그곳에서 즐겁게 놀았던 기억이 있습니다. 게임 공간처럼 느껴졌거든요.

한국 1세대 플래시 디자이너 설은아 인터뷰

은아
만드는 사람도 그렇고, 즐기는 사람도 그렇고, 다들 즐겁게 플래시를 경험했어요. 지금은 영화 트레일러를 보거나 리뷰를 보거나 하지만요.

〈엽기적인 그녀〉 웹사이트

태현
그 당시 작업하셨던 대표적인 몇 가지 작업을 소개해주실 수 있을까요?

은아
가장 첫 번째 작업은 〈엽기적인 그녀〉였어요. 웹 소설에서 출발한 영화로 이슈가 크다 보니까 제작사에서도 특이하게 영화 홍보를 해야한다고 생각했죠. 그러다가 플래시 웹사이트가 유행한다는 이야기를 듣고 저에게 의뢰했습니다. 저의 첫 작업이지만

컴퓨터 화면에서 똑 떨어진 물방울 하나

168

사람들이 많이 사랑해주셨고 회사의 존재를 알릴 수 있었던 계기였어요.

〈와니와 준하〉 웹사이트 이미지

두 번째 작업은 2001년의 〈와니와 준하〉라는 작업이에요. 김희선, 주진모 님이 주인공으로 나왔고, 영화 분위기에 맞게 청량감이 넘쳤습니다. 그 때의 한국 영화들이 정말 다양했고 특히 낭만적인 이야기를 다루길 좋아했어요. 〈접속〉, 〈봄날은 간다〉 등등.

와니와 준하 웹사이트에서는 당시 영화 촬영장인 집을 파노라마로 찍고, 공간을 탐색할 수 있도록 했어요. 거실, 부엌, 영민이의 방, 와니와 준하의 방. 각각 공간의 소품이나 위치를 클릭하면 실제 영화 장면처럼 연출되었습니다. 부엌 냉장고에 붙여진 쪽지를 클릭해서 읽거나 주인공의 방 인테리어 소품을 눌러

인물 설정을 들여다볼 수 있었어요. 방을 둘러보고 나면 와니와 준하의 모놀로그가 나옵니다. 마우스를 활용한 스토리텔링이에요. 와니와 준하가 동거하는 사이지만 둘 사이에 영민이라는 존재가 있어요. 인물 간 미묘한 관계가 존재하는데, 마우스의 움직임에 따라서 와니와 준하의 몸이 가까워지거나 멀어져 맴돌도록 연출해서 그 부분을 표현했습니다. 둘 사이 거리에 따라 인물 음성에 변화를 준 것이 포인트입니다.

사용자의 움직임에 반응한다고 해서 인터랙션이 다 좋게 표현되는 것이 아니에요. 저는 디지털 인터페이스와 사용자의 인터랙션이 어떻게 비유되는지에 따라서 퀄리티가 달라진다고 생각합니다. 시적 표현과도 같아요.

그다음에 소개드릴 작업은 〈4인용 식탁〉이라는 작업인데요. 전지현, 박신양 님이 출연했던 영화입니다. 처음으로 국제 광고제에 출품했던 것이기도 해요. 국내에서는 처음으로 황금사자상을 받았습니다.

영화 웹사이트를 만들기 전에, 제작사에서 저희에게 시나리오와 촬영장 스케치를 보내줬어요. 저도 영화는 시사회에서 처음 봤고, 사전에 받은 자료들을 토대로

컴퓨터 화면에서 똑 떨어진 물방울 하나

웹사이트를 만드는 거죠. 웹사이트에 접속하면, 'Truth & Fact'라는 버튼을 클릭하여 입장합니다. Truth에는 '소통', '기억', '믿음', '상실', '독백'이라는 5개의 메뉴가 있어요. 이 메뉴를 둘러보며 캐릭터별로 상징적인 대사를 찾아볼 수 있었습니다. 마우스를 움직여 대사를 훑어볼 수도 있고, 영상과 반응을 하기도, 목소리가 연출되기도 했습니다. 어떤 버튼을 누르면 꿈속으로 이동했고, 다양한 방식으로 모션이 나타나면서 스토리를 연출했어요.

〈4인용 식탁〉 웹사이트 이미지

'기억'에서는 영화 중에서 박신양이 화재 때문에 기억을 잃는 스토리를, '믿음' 파트에서는 전지현이 받았던 의사 소견서를, '독백' 파트에서는 배우 4인의 속마음을 따로 촬영해서 1인 모놀로그 형식으로 넣어두었어요. 마지막에 가서는 "당신의 독백을 적어보세요"라고 띄웠습니다. 사용자가 직접 글을 쓸 수 있는 칸을 제공했고,

이렇게 적혀진 사람들의 독백은 별도로 EXE 파일로 다운로드해서 데스크탑에 띄워놓을 수 있도록 기능을 만들어두었어요.

〈주홍글씨〉 웹사이트 이미지

가장 마지막에 했던 작업은 2006년 즈음의 〈주홍글씨〉라는 영화입니다. 이 작업 이후로 영화 웹사이트를 그만뒀는데요. 그 이유는 너무 힘들었기 때문이에요. 웹사이트를 통해 모든 것을 보여줘야 했기 때문에 작업할 것들이 매우 많았고, 큰 힘을 쏟아야 했어요. 영화 하나하나마다 최선을 다하다보니 제가 했던 작업들을 보고 대기업에서도 자신의 브랜드 스토리를 담은 웹사이트를 만들고 싶다는 러브콜이 많이 왔었어요. 그때 회사를 확장해야겠다고 생각했습니다. 영화 웹사이트 전문 제작사에서 디지털 캠페인 회사로 자리매김 할 수 있는 타이밍이라고 봤죠.

컴퓨터 화면에서 뚝 떨어진 물방울 하나

172

〈주홍글씨〉 영화 웹사이트는 아직도 특별하게 기억에 남는 장면이 있는 작업인데요. 우선 설명하자면, 메뉴는 음악의 구성처럼 1-4악장과 피날레로 되어있어요. 영화 내용이 음악과 연관이 있었거든요. 1악장은 "사랑은 죄가 될 수 없다"라는 이름이고 영화배우 이은주 님이 재즈 가수로 등장합니다. 그는 친구의 남편인 한석규와 내연 관계였죠. 인물들의 상황은 스틸컷과 대사를 타임라인에 맞게 등장시키며 보여줬어요. 한석규는 극 중에서 직업이 형사입니다. 영화에서 살인 사건이 하나 벌어지는데, 마치 형사가 된 듯 유저가 사건 현장의 단서들을 직접 클릭하며 찾아볼 수 있었죠. 2악장 "하나의 진실, 두 개의 착각"에서는 한석규가 용의자를 찾기 위해 취조를 하기 시작하고, 단서가 되는 인물들의 대사와 장면들을 하나씩 등장시키면서 서스펜스를 느끼게 했어요. 그리고는 용의자로 의심되는 여성의 방에 들어갑니다. 마우스 커서를 움직이면서 마치 몰래 훔쳐보듯 여성의 모습을 훑어봅니다. 3악장 "___이 어긋나는 이유"에서는 가장 먼저 문장의 빈칸에 들어갈 단어 '사랑'을 사용자가 직접 넣는 것으로 시작합니다. 주인공들의 관계가 파국으로 치달으면서, 찢어진 사진 위에 대사가 역동적으로 등장하기 시작합니다. 그렇게 계속 문장의 빈칸을 직접 채워가면서 스토리가 진행되어요. 4악장 "모든 사랑에는

한국 1세대 플래시 디자이너 설은아 인터뷰

대가가 있다"라고 하면서 어긋난 사랑과 상처를 웅장한 음악과 모션으로 표현합니다. 윈도우 오류창이 화면을 가득 채우기도 하고, 성모 마리아상이 등장하기도 하고요.

마지막 구성인 피날레는 가장 제가 좋아하는 부분이에요. "당신도 어긋난 사랑으로 인해 누군가에게 상처를 준 적이 있습니까?" 또는 그 반대의 경우인 "상처를 받은 적이 있습니까?"의 질문을 줍니다. 유저는 자기가 선택한 질문에 따라서 답변을 합니다. 다음 버튼을 누르면, 다른 사람들이 남긴 메시지들이 한데 모여 우주 공간처럼 펼쳐져요. 사용자가 쓴 답변만이 아니라 다른 사람들의 생각까지 들여다볼 수 있는 거죠. 여기서 끝나지 않아요. 앞에서 질문이 두 방향으로 나뉘었잖아요? 자신이 선택한 질문의 반대편을 선택한 사람들의 답변이 화면에 제시되는 것으로 웹사이트가 마무리됩니다.

이렇듯 〈주홍글씨〉 웹사이트는, 영화 홍보를 넘어서 실제로 사용자 자신이 사랑하는 사람과 상처를 주고받은 경험을 떠올리고 과거로 돌아가 상대방을 이해하게 되는 공간이었어요. 그때 당시에, 저희 회사로 메일이 오기도 했어요. "최근에 연인과 헤어졌는데 웹사이트 마지막을 보고 펑펑 울었다"라고 누군가 보내왔죠. "웹사이트 너무 멋있다", "잘 만들었다"가 아닌 전혀 다른 개인적인 반응이었어요. 그래서 〈주홍글씨〉 작업은 아직까지 인상 깊게 남습니다. 각자 한 줄씩 남긴 메시지들이 웹이라는 익명에 의한 공간에서 거대하게 합쳐지면서 발생한 독특한 경험이었죠.

태현
플래시 기술을 활용한 영화 웹사이트의 인터페이스가 설은아라는 사람이 추구하는 미학과 철학이 연결되는 것이 느껴지는 점이 재미있습니다. 특히 〈주홍글씨〉 웹사이트는 지금 봐도 놀라운 것 같아요. 광고 캠페인이 당시에 저런 단계까지 갈 수 있다는 점이요.

이선
초기 웹 매체 환경을 잘 보여주는 사례이지 않을까요?

은아
영화는 영화관에서 쭉 보는 거지만, 영화 웹사이트에서는 자신이 개입해서 이야기를 남길 수 있다는 점에서 주인공이 될 수 있었어요. 지금 생각해보면, 작업을 하면서 제 자신이 추구하는 방향을 이따금 깨닫게 되는

한국 1세대 플래시 디자이너 설은아 인터뷰

계기였습니다. 저는 현재 20년에 가까운 광고업계의 커리어를 마무리하고 작업을 다시 시작하려는 단계에 서 있어요. 앞으로도 이처럼 저를 표현하는 작업을 보여드릴 수 있으면 좋겠습니다.

설은아

평범한 사람들의 마음 속에 진짜 이야기가 살아 숨쉰다는 것을 믿고 그것을 두드리기 시작한 인터랙티브 스토리텔러. 진정한 소통 한 조각으로 연결될 때, 우리는 서로의 치유자가 될 수 있다는 것을 믿는다.

FLASHBACK

Re-Able 플래시, 1996-2020: 어느 위대한 소프트웨어 플랫폼을 추억하며

정찬철

"코드는… 오늘날 우리를 지배하는 실체다. 따라서 코드 속에서 존재의 의미를 상실하지 않기 위해서는 그것이 무엇인지 명확하게 알아야 한다."
- 프리드리히 키틀러(Friedrich Kittler)

플래시의 예고된 죽음

오늘날 21세기 소프트웨어 문화의 한복판은 업데이트로 대변되는 끝없는 소멸과 갱신으로 가득하다. 하드웨어는 빠르게 낡은 것이 되고, 소프트웨어는 새롭게 등장한 하드웨어에 맞추어 더 새롭게 변화하지 않으면 안 된다. 이러한 하드웨어와 소프트웨어의 역학관계가 역전되는 경우도 병존한다. 웹 브라우저가 띄웠던 "Flash Player는 2020년 12월 이후 더 이상 지원되지 않습니다."라는 메시지는 한때 인터넷 세상에서 만능 소프트웨어 플랫폼으로 군림했던 소프트웨어 플랫폼의 예고된 죽음을 알렸다. 2005년 어도비가 매크로미디어를 전량 주식교환 방식으로 34억 달러에 사들였을 때, 플래시의 미래는 지금과는 정반대였다. 플래시 없이는 비디오를 재생할 수 없고, 슬라이드 쇼는 먹통이 되고, 사용자 참여형 웹사이트는 접속 자체가 안되었다. 플래시는 웹 세상의 모든 멀티미디어 콘텐츠를 지배했다. 이러한 플래시의 성공적 성장이 어도비가 매크로미디어를 인수하는 이유였다. 하지만, 지금 플래시는 보안이 취약하고 에너지 사용량이 많은 구식 소프트웨어가 되었다. 물론 이러한 선택을 하는 웹 개발자는 없겠지만, 오늘날 플래시를 이용해 웹 콘텐츠를 제작하는 것은 해커 침입의 통로를 마련하는 것이고, 인터넷 사용자들의 방문 횟수를 현격히 줄이는 길이며, 웹페이지가 비시각적으로 변화는 길이다.

플래시 변천사

플래시에 관한 짧은 역사: 플래시, 1996-2020

1993년 퓨처웨이브에서 오늘날의 터치스크린 기반 모바일 컴퓨터의 효시라 할 수 있는 펜포인트(PenPoint)와 EO 태블릿(EO Tablet)의 그리기 프로그램으로 스마트스케치를 개발한다. 1996년 퓨처웨이브는 멀티미디어 플랫폼으로서의 인터넷의 미래성을 점지하고 스마트스케치에

프레임 단위 애니메이션 기능을 추가하여 벡터 기반 애니메이션 프로그램으로 발전시킨다. 이렇게 스마트스케치는 퓨처스플래시라는 이름으로 재탄생한다. 이 프로그램이 플래시의 조상이라 할 수 있다.

1996년 경쟁사인 매크로미디어가 퓨처스플래시를 사들이고, 같은 해 우리가 익히 알고 있는 매크로미디어 플래시로 이름을 바꾸어 발표한다. 이후 어도비에 매각될 때까지 매년 새로운 버전 업그레이드를 통해 벡터 그래픽뿐 아니라, 오디오, 비디오, 자바스크립트, 액션스크립트, 오디오 및 비디오 스트리밍, XML, HTML 1.0 등을 지원하는 최강의 멀티미디어 웹 페이지 제작 프로그램으로 성장한다. 2005년 어도비에 인수된 이후, 플래시는 어도비 크리에이티브 제품군3(CS3)에 포함되어, 애프터 이펙트(After Effects)나 프리미어 등의 영상 제작 프로그램들과 호환성이 강화되며, 휴대폰과 같은 모바일 컴퓨터의 콘텐츠 제작 프로그램으로 발전한다. 2007년 H.264 비디오 재생 및 하드웨어 가속 풀스크린 영상 재생과 2008년 3D 기능까지 지원하게 되지만, 인터넷 환경이 모바일 기기 중심으로 빠르게 재편되면서 플래시의 위상은 내리막을 향하기 시작한다.

2010년 스티브 잡스는 플래시의 시대적 쇠락을 선언한다. 잡스의 플래시 퇴출 선언문은 이렇게 시작했다. "플래시는 PC 시대, 즉 퍼스널 컴퓨터와 마우스 시대의 창조품이다. 이와 달리 지금의 모바일 시대는 저전력 기기, 터치 방식, 그리고 개방형 웹이 대세이다. 이 모든 특징들은 플래시가 감당할 수 없는 것들이다." 2014년부터 인터넷 환경 변화에 따라 휴대폰, 태블릿 PC 등과 같은 모바일 기기에 적합한 가벼운 애플리케이션이나 웹 페이지를 제작하기에 유용한 HTML5, WebGL, 웹어셈블리 등의 차세대 언어와 플랫폼들이 등장함에 따라, 플래시는 구식 플랫폼이 된다. 2016년 맥용 사파리 10버전에서 HTML5로 제작된 콘텐츠를 우선적으로 불러오기 위해 플래시로 제작된 콘텐츠는 기본적으로 차단하도록 설정된다. 이러한 플래시 차단 설정은 2017년 구글 크롬 및 마이크로소프트의 엣지로 이어진다. 2017년 7월 어도비는 2020년 플래시의 퇴출을 선언한다. 이렇게 모바일 플랫폼 세상에서 시작된 탈플래시 흐름은 모든 인터넷 세상으로 확대되었다.

플래시의 쇠락이 우리에게 던지는 질문은 무엇인가?

플래시의 죽음은 오늘날 모바일 기기 중심의 네트워크 생태계에서 어쩌면 당연한 것이다. 보안은 더 중요해졌으며, 앱과 웹 페이지는 더 가볍고, 더 빠르고, 더 개방적이어야 한다. 스티브 잡스가 옳았다. 따라서 탈플래시를 반대하며, 낡은 플랫폼을 고수하는 것은 웹 2.0 시대에 걸맞지 않은 선택이다. 또한 HTML5처럼 플래시가 수행한 기능을 고스란히 물려받은 차세대 플랫폼을 보면, 사실 플래시는 죽은 것이 아니라, 개체변이를 통해 다양한 플랫폼들로 진화했다고 말하는 것이 옳다. 결국, 탈플래시는 시대적 흐름이다. 그렇다면 플래시의 쇠락이 우리에게 던지는 근원적인 물음은 무엇일까? 혹은 이렇게 플래시의 죽음을 애도하는 문화적 행위를 추동했던 근원적 물음은 무엇일까? 다양한 이유가 있겠지만, 그중에 우리가 주목할 필요가 있는 건 아마도 플래시와 같은 유물이 되는 비트들을 어떻게 문화적으로 기억하고 제도적으로 보관할 것이냐는 문제라 생각한다.

플래시를 어떻게 역사화 할 것인가? 이 물음이 문제인 것은 플래시와 같이 소멸한 플랫폼이나 소프트웨어가 무수히 많기 때문이다. 영국

과학박물관의 수석 큐레이터를 지낸 컴퓨터 역사학자인 도런 스웨이드(Doron Swade)는 오래전부터 소프트웨어와 소프트웨어 문화의 제도적 아카이빙을 강조했다. 지금이야 어떻게 해서든 장비를 구해 1990년대를 풍미했던 소프트웨어를 실행하는 것이 가능하지만, 고고학적 규모의 시간이 흐른 뒤를 생각해보면 상황은 다르다. 컴퓨터 역사책에 플래시의 전성시대는 문자로 기억되겠지만, 제도적으로 보관되지 않는다면 실제 유물로서는 볼 수 없을 것이다.

유시 파리카(Jussi Parikka)는 『미디어고고학이란 무엇인가?』에서 "구식화의 문제는 역사에 대한 전통적인 물음만큼이나 중요하다. 새로운 기술로 이루어진 동시대 문화만큼이나 쇠퇴의 미학이 미디어 문화의 미래를 숙고하는 데 중요하다"고 말한다. 졸라맨과 같은 플래시로 만들어진 초창기 애니메이션 콘텐츠, 다양한 광고 이미지, 게임들은 21세기 초창기 인터넷 시대의 문화기억이다. 초기 개발자의 하드디스크에 저장되어 있거나 인터넷 세상에 실행될 수 없는 상태로 존재하는 플래시로 제작된 콘텐츠를 수집해 공식적으로 보관하는 역사화 작업이 필요하다. 온라인 모바일 게임이 게임문화를 지배하는 오늘날에도 〈둠 2〉, 〈남북전쟁〉(North&South), 〈삼국지 3〉, 〈대항해시대 2〉 등의 1990년대를 풍미했던 PC게임을 소장하거나 여전히 즐기는 이른바 레트로 커뮤니티가 활성화되어 있다. 이는 과거에 고착된 특정 집단의 존재를 보여주는 사례가 아니라, 뉴 미디어가 올드 미디어를 재매개한다는 볼터와 그루신(Bolter & Grusin)의 주장을 매우 흥미로운 방식으로 재해석하는 사례이다. 음악이 온라인으로 스트리밍되는 시기에 LP와 카세트테이프 사용자 동호회가 새롭게 활성화되었던 문화적 현상도 마찬가지다. 새로움은 항상 결핍된 듯이 과거를 강박적으로 소환한다. 이는 뉴 미디어가 낳은 새로운 소환의 문화이다. 플래시에게도 이러한 강박적인 문화적 소환이 필요하다.

우리의 모바일 플랫폼은 더 빠르고, 가볍고, 고효율의 정보 미디어로 발전할 것이며, 앱과 웹 콘텐츠를 제작하는 소프트웨어 플랫폼들은 더 가속도로 발전할 것이다. 새롭게 등장한 소프트웨어는 우리의 일상과 습관을 더 유동적이고 일시적인 가상으로 바꿀 것이다. 서문에 앞서 인용한 키틀러의 문구를 떠올려 보자. 사실 우리의 디지털 의사소통 행위는 인터넷 플랫폼이나 모바일 플랫폼의 실행을 주도하는 다양한 코드 체계에 의해 주도되고 있다. 코드 체계의 진화 혹은 변화는 우리의 의사소통 행위의 변화를 의미한다. 플래시의 쇠락은 PC 기반의 인터넷 환경에서 모바일 중심 인터넷 문화로의 전환의 결과이지 않는가? 새로움이 가속하는 변화 속에서 낡은 소프트웨어를, 프로그래밍 언어를, 플랫폼을, 그리고 코드 등을 기억하고 추모하고 보관하는 것은 시대의 변화를 거스르는 것이 아니라, 우리의 지금이 어디에서 기원했는지를 기억하는 일이기에 중요하다. 플래시를 추모하는 것은 플래시에 대한 시대적 향수만이 아니라, 당시 우리가 어떻게 인터넷 공간에서 의사소통을 했는지, 지금과는 어떻게 다른 인터넷 환경 속에 있었는지에 대한 물음, 즉 인간과 미디어간의 역학관계에 대한 물음이다. 따라서 지금의 우리의 모바일 중심의 의사소통 문화가 어디에서 출현했는지를 알기 위해, 지금의 인터넷 문화에 다음과 같은 코드 "플래시를 다시 가능케 하라"를 심어야 한다. prefs.put("plugins.plugins_~~dis~~re-abled", "Adobe Flash Player").

참고문헌

Abell, John C. "Steve Jobs Claims Flash Will Kill the Mobile Web," *WIRED*, 2010.4.29. https://www.wired.com/2010/04/steve-jobs-blog-post-flash/

Fuller, Matthew. *Behind the Blip: Essays on the Culture of Software*, New York: Autonomedia, 2003.

Kittler, Friedrich. "Code(or, How You Can Write Something Differently)," *Software Studies: A Lexicon*, edited by Matthew Fuller, Cambridge, Massachusetts: MIT Press, 2008, pp.40-47.

Parikka, Jussi. *What is Media Archaeology?*, Cambridge: Polity Press, 2012.

정찬철

영화·미디어 연구자. 한국외국어대학교 글로벌캠퍼스 교수. 포스트시네마, 디지털 시각효과 등의 영화기술 및 초기영화에 관한 논문과 글과 책을 발표했다. 미디어고고학의 관점에 기반해 영화 기술과 예술이 비선형적이고 쌍방향으로 연합하는 '영화×기술×예술의 역사'를 연구하는 데 주력하고 있다. 단행본 『몰입하는 인류가 온다』와 『포스트시네마: 21세기 영화의 알고리듬』 원고 작업 중이다.

졸라맨을 추억함

오영진

졸라맨

졸라맨은 플래시 기술로 만들어낸 최초의 성공한 애니메이션이면서 동시에 플래시 애니메이션의 조악한 특성이 가장 극대화된 캐릭터다. 2000년대 초 인터넷 커뮤니티의 게시판에서 쉽게 볼 수 있었던 졸라맨은 겨우 몇 가지 선으로만 이루어져 있었으나 그 어떤 영웅보다 유치하면서도 과격한 액션 연기를 보여주곤 하였다.

트위닝(tweening) 기법이 가능한 플래시 애니메이션에서는 처음과 마지막 키프레임에 변화를 주면 중간 프레임을 자동으로 생성해 주기에 공정 과정을 단축시킬 수 있었다. 예를 들어 졸라맨의 움직임을 제어하기 위해 처음 팔의 위치와 다음 팔의 위치를 설정하면 중간의 움직임은 자동적으로 계산된다. 다시 말해 움직일 위치의 처음과 끝을 지정해주면 움직임이 일어난다. 비트맵 방식이 아닌 벡터 방식이었기에 가능한 기법이다. 컷과 컷을 연결하는 과거 애니메이션에서는 움직임의 중간 과정을 한 컷, 한 컷 그려서 자연스러운 움직임을 끌어내야 했지만 졸라맨과 같은 당시의 플래시 애니메이션의 연출법은 객체가 움직이는 방식으로 운동 이미지를 주조하며 진화해 나갔다.

단순한 배경 그래픽을 바탕으로 하나의 프레임 속에서 캐릭터를 자주 움직이며, 되도록 많은 분량의 이야기를 진행시키는 스타일은 그 당시 플래시 애니메이션들의 공통된 특징이다. 이 같은 스타일을 연출력의 부족함으로 볼 수도 있겠지만, 기본적으로 저용량으로 손쉽게 업로드되어 플랫폼에 상관없이 즐길 수 있도록 설계된 플래시가 자연스럽게 도달한 연출 방식이라고 보는 편이 옳을 것이다. "미디어는 메시지다"라는 매클루언(Marshall McLuhan)의 관점에서, 초기 플래시 애니메이션들이 보여준 잔망스러운 움직임은 플래시 기술 본연의 가벼움과 빠름, 그로 연유한 조악함으로부터 필연적으로 귀결하는 미적 특징이라고 할 수 있다.

졸라맨의 제작자 김득헌은, 2000년대부터 본격적으로 플래시 애니메이션 작업을 하게 되면서 그전까지 공동 작업으로 수개월 걸리던 것이 개인 작업으로 3-4주면 가능했다고 소회한다. 움직임 표현이 자동화되어 손쉬워진다는 것은 움직임 표현을 더 자주 사용하며 섬세하게 연출할 수 있다는 뜻이 된다. 지금 졸라맨의 액션 씬을 다시 보아도, 그래픽 표현 단위의 단순함에도 불구하고, 액션스크립트는 꽤나 복잡하다는 것을 알 수 있다. 사실 플래시 애니메이션의 연출 포인트는 영화보다는 게임적인 측면이 강하다. 컷과 컷 사이를 상상력으로 메꾸는 관객이 필요한 것이 아니라 작동가능한 동작성을 같이 플레이하는 관객을 요구하기 때문이다. 메트로베니아(Metroidvania) 게임스타일의 스테이지와 그 안을 유영하는 객체는 '움직이는 것처럼 보이는 것'이 아니라 '실제로 움직'인다. 관객은 이미지를 '관람'하는 것이 아니라 움직임에 곧장 '이입'하며 동작을 작동시킨다.

이 점에서 플래시의 모션(motion) 미학과 필름의 무비(movie) 미학은 비교의 대상이다. 타임라인에 의해 선형적으로 통제된다는 점에서는 같아

보이지만 모션은 동작하는 '운동성'에 초점이 맞춰져 있는 반면 무비는 운동성을 가진 '이미지'에 의거해 운동감을 얻는다. 몽타주 기법을 생각하면 쉬운데, 플래시는 한 프레임 안에서 동작 그 자체를 현현하는 반면, 필름은 컷과 컷의 연결로 동작을 재현한다. 게다가 필름의 운동-이미지는 일종의 기호이므로 관객의 디코딩이 필요하지만 모션의 수용 과정에는 독해가 필요하지 않게 된다. 플래시 애니메이션을 예술적인 경지로 끌어올린 디자이너 힐만 커티스는 스스로를 플래시 모션 디자이너(Flash motion designer) 혹은 모션그래픽 디자이너(motion-graphics designer)라고 칭하기도 했다.

힐만 커티스

모션은 관객의 신체에 직접 기입되며, 특유의 단순함과 빠르기로 누구에게나 이해받을 수 있는 언어로 기능한다. 아이콘(icon) 이전에 제스처(gesture)가 있다는 것이다. 신체 행위를 모방하는 수화가 '유치한' '기호'가 아닌 것처럼 플래시 애니메이션의 모션도 '유치한' '이미지'가 아니다. 그것은 움직임의 감각 즉 '모션'일 뿐이다. 이 점에서 한국 애니메이션 역사상 가장 강력한 액션 씬을 선보인 〈아치와 씨팍〉(2006)의 태생이 플래시 애니메이션이라는 점은 의미심장하다.

한편, 플래시 애니메이션이 꽃을 피웠던 2000년대에는 일명 '엽기 코드'가 유행했다. 콘텐츠 관람 지속시간이 짧은 만큼 주인공들이 일상 속에서 뜬금없이 엉뚱한 행동을 하거나, 똥오줌이나 욕설 등 천진난만하지만 불쾌한 소재를 사용해 유저들의 관심을 사로잡으려는 경향이 이 시기 플래시 애니메이션에도 있었다. 이 같은 유행은 인터넷 콘텐츠 제작자들에게 지나친 자극 경쟁을 부추겼다. 아마도 내용상의 유치함은 독해 과정 없이 곧바로 네티즌의 신체 감각을 공략하는 모션의 미감과 결합하기 쉬웠을 것이다. 한편 플래시 기술은 애니메이션 산업을 공동 작업에서 개인 작업의 영역으로도 확장시켜주었다. 둘리를 제외하고는 그전까지 단 한번도 독자의 캐릭터를 히트시키지 못했던 한국 애니메이션 산업계가 〈뿌까〉, 〈졸라맨〉, 〈마시마로〉 등의 히트상품을 보유하게 된 일은 플래시 기술이 열어놓은 새로운 제작환경 덕분이었다. 조악함은 아마추어리즘의 확대 속에서 높은 생산성을 보여주었고 하나의 스타일이 되어갔다. 이른 바 2010년대의 '병맛 코드'가 게시판에 올라오던 리얼 아마추어들의 그림판 작업물들로부터 시작되었던 점과 비교해보면, 엽기 코드는 비교적 전문적인 능력을 베이스로 한 독립제작자들의 참여로 수립한 것으로 보는 편이 온당하다.

'엽기'와 '병맛' 간의 차이를 두자면, 문화연구자 김수환은 2010년대의 병맛 코드를 "낄낄대는 웃음이 어느 한순간 씁쓸한 냉소와 교차되는 곳, 이 세계의 병맛스러움이 우리 존재의 잉여성에 대한 확인과 만나게 되는 그런 장소"라고 논평했다.[1] 즉 세상의 과로가 굴절되어 파괴적 형식으로 등장했다는 것이다. 그렇다면 2000년대의 엽기 코드는 무엇이었을까. 필자는 엽기가 낄낄대는

---

[1] 김수환, 「웹툰에 나타난 세대의 감성구조-잉여에서 병맛까지」, 『탈경계 인문학』, 4(2), 2011.

웃음이 냉소를 발견하기 전까지 유지할 수 있었던 천진난만한 상태라고 판단한다. 엽기는 삶의 정적인 흐름을 고의적으로 깨려는 노력으로 가득 차 있다. 이 시기 플래시 애니메이션들은 과격하거나 도발적 행동으로 가득한 주인공을 등장시키고도 그 행동에 대해 자조하거나 우울해하지 않았다. 짧고 스피디한 연출을 통해 캐릭터들은 활력을 표현했고, 관객들은 그것을 2-3분 정도의 짧은 시간 안에 적극적으로 즐겼다. 단순한 선으로만 이루어진 졸라맨은 단순함과 명쾌함의 표현으로 이해될 수 있으며, 그래서 그의 액션 연출은 그 어떤 영화보다 복잡하고 운동감 넘친다. 단지 비유적으로 사용했을 뿐이지만 김득헌은 선과 면의 은유를 아래와 같이 사용하고 있다.

"지금 저는 선 위에서 면을 그리는 작업을 하고 있다고 생각합니다. 이런 노력으로 만든 면이 많아져 모이면 한 도형을 만들 때, 자연히 그 도형의 꼭짓점 위에 올라설 수 있게 되지 않을까요?"[2]

2   조현경, 「〈플래시 애니메이션 스타들-(2)〉 '졸라맨' 작가 김득헌씨」, 『디지털타임스』, 2000년 11월 11일 자. http://www.dt.co.kr/contents.html?article_no=2000111002012457552007

디지털 미디어는 플루서(Vilém Flusser)의 표현대로라면 부피에서, 면으로, 선으로, 급기야 점으로 '찢겨진' 차원의 미디어다. 플루서는 예술의 역사 안에서 부피, 면, 선, 점으로 이어지는 추상화를 논했지만 우리 시대에는 오히려 점(픽셀의 미학)에서 선과 면(플래시의 미학)으로, 이제 부피(3D/유니티의 미학) 순으로 역진화하고 있는 것처럼 보인다. 김득헌은 이 같은 과정을 예견한 것일까?

오늘날 거칠게 각진 픽셀 이미지는 디지털 이미지의 대표 아이콘이 되었다. 그러나 각이 진 픽셀의 이미지는 사실 초창기 디지털 표현력의 한계를 뜻하는 것이었다. 이러한 아이러니는 기술적 한계로 구현된 조악함이 집단적 문화 기억에 의해 하나의 스타일로 안착되기에 발생하는 것이다. 우리는 기술적 한계가 만들어 놓은 형식에 금세 익숙해지고, 시간이 지나면 추억으로 간주해 그리워한다. 동시에 이 새로운 미디어 형식 자체를 음미하기 시작할 여유를 갖거나 다음 세대의 표현 방식과 미감으로 입법시킨다. 곧 멸종될 운명에 있는 플래시 모션의 감각만 살펴보더라도 이 패턴은 자명해 보인다.

우리가 언젠가 졸라맨을 다시 그리워할 날이 오리라는 것은 확실하다. 필자는 플래시가 우리에게 조악하지만 활력있는 모션의 매력을 일깨워줬다고 생각한다. 졸라맨은 이러한 미감에 바탕을 둔 추억의 액션 히어로이다. 플래시 시대가 우리에게 주었던 미감의 정체가 무엇인지 규명하고, 이 같은 플래시 기술의 DNA를 어떻게 이어갈 것인지에 대한 논의가 필요한 시점이다. 이것이 플래시 기술을 단순히 박제하고 보존하는 일보다 더 중요하다.

오영진

2015년부터 한양대학교 에리카 교과목 '소프트웨어와 인문비평'을 개발하고 '기계비평'의 기획자로 활동해 왔다. 컴퓨터 게임과 웹툰, 소셜 네트워크 등으로 대변되는 디지털 문화의 미학과 정치성을 연구하고 있다. 시리아 난민을 소재로 한 인터랙티브 스토리 〈햇살 아래서〉(2018)의 공동개발자, 가상세계에서 체험하는 다크투어리즘 〈에란겔: 다크투어〉(2021)의 연출자다.

작고 투박한 세계를 뒤돌아보며

이하림

#1

"Flash Player는 2020년 12월 이후 더 이상 지원되지 않습니다."

이 건조한 문장의 등장은 그 뒤에 달리는 말들로 인해 하나의 사건이 되었다. "R.I.P. Flash", "플래시야 잘 가", "플래시, 고마웠어"... 죽음이 발발했고 사람들은 애도하고 있다. 플래시의 지원 중단, 떠남, 혹은 죽음 후에 남겨질 빈 공간에서 플래시의 부피보다 더 큰 부피를 실감하게 될 것을 이어지는 문장들은 알고 있는 것 같다. 2020년 12월 이후 플래시와 함께 우리를 떠나는 것은 무엇이 더 있길래.

1993년 움트기 시작한 플래시가 1999년 개설된 쥬니어네이버, 2000년대 초반의 수많은 인기 애니메이션과 게임을 거쳐 약 20년이 지나 사망을 앞두기까지, 플래시는 사실 플래시와 가장 가까운 곳에 있었던 사람들과 생애를 함께하고 있었다. 1990년대 초반 플래시와 함께 태어난 지금의 20대 후반에서 30대 초반의 사람들이 초등학생이 될 즈음, 쥬니어네이버와 야후 꾸러기가 등장했다. 우리는 그곳에서 플래시 게임 속 고기를 실제

고기보다(고기 굽기 게임), 플래시 게임 속 만두를 실제 만두보다(고향만두 게임) 훨씬 더 일찍 뒤집고 빚으며 유년기를 보냈다. 현실에서는 부모님이 입혀주는 옷을 입었지만, 플래시 게임에서는 슈의 옷을 직접 코디하고 머리를 손질하고 있었다(슈 게임). 학교에서는 친구들과 다 함께 〈졸라맨〉을 보고, 〈우유송〉과 〈당근송〉을 따라 부르고, 일명 '팥죽송'을 끝까지 다 보면 죽는다는 괴설을 실어 나르기도 했다. 그 시절의 아이들은 2000년대 후반에 청소년이 되었고 그로부터 지금까지 더 정교하고 어렵고 흥미로운 다른 것들에 몰두하며 플래시를 찾지 않고 지냈지만, 플래시는 어딘가에서 우리와 함께 조용히 나이를 먹고 있었다.

많은 시간이 흘러 2020년이 되었고, 플래시는 죽음을 앞두고 있다. 30살 언저리의 성인이 된 그때의 아이들은 그동안 잊고 있던 플래시의 소식을 접했다. 이별을 앞두고 사람들은 함께 기억을 모으기 시작했다. 2017년 어도비가 플래시 플레이어의 지원 중단 계획을 발표하자, 관련 게시물에는 플래시로 애니메이션을 보고 게임을 했던 전 세계 사람들의 추억이 댓글로 달렸다. 'R.I.P. Flash'가 적힌 묘비 그림 아래에서 사람들은 기술의 중단을 지지하는 의견이나 기술의 존속을 주장하는 논리적 이유를 덧붙이는 대신, 그 기술 주변에 있던 개인적인 경험을 꺼내놓고 있었다. "초등학생 때 컴퓨터실에서 플래시 게임 안 해본 사람 없고", "학교에서 이런저런 플래시 노래를 많이 들었다"는 기억들이 묘비 앞에 잔뜩 쌓여 있었다. 여기서 사람들에게 기술의 편리함이나 발전 정도는 중요한 것이 아니었다. 그들은 그저 슬퍼하고, 아쉬워하고, 무엇보다 그리워하고 있었다. 그들에게 이 소식이 단지 기술의 변화와 시대의 이행만을 의미하지 않는 이유는, 그래서 그들이 플래시를 의인화하며 안녕을 고하는 이유는, 플래시라는 이름으로 호명되는 자기 자신의 과거를 발견했기 때문이 아닐까. 사람들은 2020년 12월 이후 플래시와 함께 자신에게 더 이상 "지원되지 않는" 과거의 어떤 부분을 많이 그리워하고 있는 것 같았다.

#2
과거에 대한 애착과 그리움의 감정을 두고 노스탤지어라고 말한다. 과거에 대한 열망은 필연적으로 현재의 결핍과 미래의 상실을 지시하기 마련이다. 현재와 현실에 대한 불만이 과거를 회상하게 하고 이 부정적 상황으로부터 자아를 보호하기 위해 과거를 욕망의 대상으로 삼는 것이 노스탤지어의 감정이다.[1] 이때, 과거는 실제의 과거 그 자체라기보다는 현실에서의 결핍이 충족된 형태로서 선택적으로 불러들인 과거의 일부이다. 따라서, 노스탤지어가 향해 있는 과거의 모습은 현재에 갖고 있지 못한 것과 미래에 잃을 것으로 전망되는 무언가를 반증하고 있는 셈이다.[2] 플래시에 대해 사람들이 가지는 이토록 강한 노스탤지어는 그런 의미에서 '플래시'라는 실제 기술에 대한 그리움이라기보다는 현재와 미래에 대한 강한 불안을 의미하기도 한다.

감자도리의 도리도리송

---

[1] Fred David, *Yearning for Yesterday: A Sociology of Nostalgia*, New York: Free Press, 1979.
[2] 이하림, 「생경한 그리움: 경험한 적 없는 것에 대한 노스탤지어와 잔재의 이미지」, 『미디어, 젠더&문화』, 35(2), 2020.

노스탤지어의 어원에는 집으로 돌아간다는 의미의 그리스어 노스토스(nostos)가 있다. 여기서 그리움의 대상이 되는 것은 '돌아가고 싶은 집'으로, 이미 그 집을 떠났거나 잃었다는 것이 이 감정의 전제가 된다. 그리고 우리는 오랫동안 플래시를 떠나있었지만, 2020년 12월 이후로는 플래시를 잃게 된다. 이제 찾고 싶어도 찾아갈 수가 없다는 말이다. 이미 플래시를 떠난 우리에게, 2020년 플래시에게 내려진 사망 선고는 미래에 닥칠 또 다른 부정적 현실을 전망하게 하는 것 같다. 우리는 한 기업의 결정으로부터 기술과 문화는 그저 쇠퇴하거나 늙으며 스러지는 것이 아니라 한순간에 죽음 '당할' 수도 있다는 가능성과 그 일이 단지 유년 시절뿐 아니라 현재와 미래에 내가 애정하는 것에도 닥칠 수 있다는 가능성, 결국에는 연쇄되는 파괴와 재건축 속에서 고향과 집의 의미를 영영 잃게 될지도 모른다는 그 두려운 가능성을 새삼 발견한 것이다. 그래서 2019년 2월 쥬니어네이버 게임랜드가 운영을 중단하기로 결정했을 때 오랫동안 그곳을 떠나있던 많은 어른들은 철거가 예정된 고향 집을 다시 찾아 부지런히 만두를 빚고 고기를 구웠다.

영원한 이별의 가능성에 저항하려는 듯, 사람들은 플래시와 자신을 지키기 위해 지금으로서는 조악하고 유치하다고 볼 수밖에 없는 과거의 이미지들을 유튜브와 블로그, 웹페이지에 열심히 남기고 있다. 야후 꾸러기와 쥬니어네이버를 그대로 복제해 놓은 아카이브 페이지가 생겼고, 〈당근송〉, 〈우유송〉 등 각종 '-송'들을 다운받을 수 있는 링크들이 온라인상에서 공유되고 있다. 게임 유튜버들은 그때 그 시절 플래시 게임을 플레이하고, 4K 영상들 사이에서 7년 전에 업로드된 240p 감자도리의 도리도리송 영상이 2020년 11월 기준 500만 조회 수를 넘었다.[3] 영상을 찾는 사람들은 자신들을 '생존자'라 부르며 댓글로 출석을 체크하고 있었다. 플래시와 함께한 "유년시절에는 아무 걱정이 없었지만, 지금은 아는 것만큼 생각도 많다"는 댓글이 2,000여 개의 좋아요를 받은 것을 보면서, 나는 우리가 무엇의 공격으로부터 어떤 것을 지켜내어 결국 생존하고 싶은지 알 것 같았다. 탄탄한 개연성과 높은 완성도를 지닌 거대하고 단단한 것들로부터

---

3 유튜브 영상 〈감자도리〉 https://www.youtube.com/watch?v=sowbaxMLrBY

1-2분 남짓의 '고구마가 되고 싶은 감자'의 작고 여린 이야기를 지켜내고 싶었던 것이다.

#3
간혹 사람들은 어떤 장편영화를 보고 '단편영화로 만들어졌으면 좋았을 뻔했다'는 평을 한다. 그 말은 언뜻 해당 영화에 대한 혹평처럼 들린다. 하지만, 사실 그 기저에는 장편영화에서는 발휘되기 어렵지만 단편영화 안에서는 통용되는 기지나 재치, 엉뚱한 상상력 같은 것들을 인정하는 의미가 자리하고 있다고 생각한다. 나는 마찬가지로 세련되고 정교한 거대 서사들 앞에서 플래시의 조악하고 허술한, 그 작은 세상에서만 이야기할 수 있는 것들에 관해 자꾸 이야기하고 싶어진다.

검색 창에 '감자도리'를 검색하면 감자도리가 왜 고구마가 되고 싶은지를 묻는 질문들이 여럿 보이고, 그에 대해 사람들은 "감자도리는 고구마 마을에서 태어났고 자신만 고구마가 아니기 때문에 고구마가 되고 싶어 한다. 그래서 감자도리는 고구마처럼 보이기 위해 빨간 망토를 쓰고 다닌다."고 정성스레 답을 남겨 놓았다. 플래시 게임을 하는 동안 우리의 성공과 실패를 좌우하는 일은 조잡하고,

원초적이고, 때로는 별로 중요하지 않다고 여겨지는 것들이다. 가령, 김명민 배우의 사진이 2등신으로 거칠게 콜라주된 이순신 캐릭터가 5가지의 공격 조작만으로 독도를 지키는 일(불멸의 이순신 게임), 목욕탕에 레몬탕이나 녹차탕을 만드는 일(때부자 게임), 똥을 피해 똥침을 놓는 일(찔러찔러 게임), 코털이 자라나면 코털을 뽑는 일(코털 뽑기 게임)이 그렇다. 플래시의 세상에서 우리는 개연성과 완성도를 그다지 문제 삼지 않는다. 와인을 넣어 빨간 만두피를 만들고, 또아리 만두를 굽고, 반달 만두를 찌는(고향만두 게임) 등 정답에 어긋나는 엉뚱한 시도들을 하며 묘한 재미를 느꼈던 것도, 플래시의 세상만이 자질에 대한 의심 없이 개운하게 남겨 준 작고 소중한 기억이다.

당시 2000년대 초반 대한민국에서 엽기 코드가 유행하며 영화, 드라마 할 것 없이 앞다투어 허무맹랑하고 유치한 소재들을 다루기는 했지만, 플래시는 유독 엽기 코드를 잘 이야기할 수 있고 이야기해도 되는 세계이기도 했다. 플래시는 다루기가 쉬워서 생산자는 자신의 단상을 금세 하나의 세계로 만들 수 있었고, 접근성도 높아서 소비자는 이 세계로 편하게 접속할 수 있었다. 감자도리, 졸라맨, 뿌까가 2시간짜리 애니메이션이어야 했다면, 고향만두 게임을 하기 위해 CD를 사거나 복잡한 과정을 거쳐 다운로드 받아야했다면 이것들이 세상에 나올 수 있었다고 장담하기는 어려울 것이다.

플래시와의 이별을 눈앞에 둔 오늘, '많은 것을 알게 되고', '생각이 많아지는' 여정 위에서 조악하고 엉성한 과거를 뒤돌아보는 어른들의 모습을 보며 나는 다른 곳에서 마주쳤던 두 개의 장면을 떠올렸다. 한 장면은 춥지 않은 가을날에 우연히 마주했다. 내가 걷고 있던 길의 한 음식점 앞에 난데없이 꼬마전구를 빙빙 두르고 있는 산타, 기차, 루돌프 조형물이 자리하고 있었다. 영 생경한 풍경이라 지나가는 사람들 모두 뒤돌아보거나 사진을 찍었다. 10월 중순 길거리에 크리스마스 장식을 내놓고 전구를 둘렀을 한 어른 안에는 어린 시절에 대한 그리움과 천진난만한 이야기를 지키고 싶은 마음이 있는 것이 분명했다. 그리고 나머지 한 장면은 몇 년 전 잡지에서 발견했다. 장편영화의 흥행 후 감독이 영화 잡지와의 인터뷰에서 '방귀 뀌는 슈퍼히어로에 대한 영화가 필생의 프로젝트'라고 말하는 대목이었다.

그는 '여전히' '또라이 미친 영화'에 빠져있다고 고백하고 있었다.[4] 내게 있어 추워지기도 전부터 크리스마스를 기다리는 마음과 여전히 방귀쟁이 슈퍼히어로를 품고 사는 마음, 고구마가 되고 싶은 감자의 이야기를 잃고 싶지 마음은 멀지 않은 곳에 있는 것처럼 보인다. 이 세 가지 마음은 크고 단단한 세상을 앞두고 작고 여린 세계를 자꾸만 뒤돌아보고 있다. 산타가 없다는 사실로부터 크리스마스 장식을 지켜낸 생존자와 개연성이나 상업성에 대한 요구로부터 거친 상상력을 지켜낸 생존자는 플래시의 묘비 주변을 서성이고 있을 것만 같다.

"Flash Player는 2020년 12월 이후 더 이상 지원되지 않습니다."라는 문장 앞에서 20년 전 그때 그 아이들은 자기 자신의 마음에 닥친 위협을 느낀다. 그저 늙어가고 있겠거니 생각하며 혹은 그마저도 생각하지 못한 채 오랜 시간을 지나온 이 시점에, 플래시에 내려진 사망 선고는 지나간 유년 시절뿐 아니라 우리 안에 희미하게 남아있던 작고

---

[4] 송경원, 「〈1987〉 장준환 감독 - 현실을 목도하는 힘과 에너지」, 『씨네21』, 2017년 12월 27일 자. http://www.cine21.com/news/view/?mag_id=89091

투박한 세계에 대한 선고처럼 들리기도 한다. 그래서 우리는 플래시의 자리에 플래시보다 더 큰, 우리의 작은 세계를 담으며 "R.I.P. Flash", "플래시야 잘 가", "플래시야 고마웠어"라고 쓴다.

플래시를 그리워하는 이 어른들은 플래시의 묘비를 자주 들러 볼 것이다. 자주 집을 잃고 이동하면서도 오래전 고향을 떠올릴 것이다. 산타를 기다리며, 무모한 이야기를 가슴에 품고, 작고 투박한 세계를 뒤돌아보며.

이하림

시각문화연구자. 글을 쓰고 함께 공부한다. 역사에 기입되지 못한 이야기가 중요하다. 논문 「경험한 적 없는 것에 대한 노스탤지어와 잔재의 이미지」로 미디어문화연구 석사학위를 받았고 현재 연세대학교 비교문학협동과정에서 박사과정 중이다. 뒤돌아보며 걸어가는 것이 글과 생활의 방법인 것 같다.

플래시 게임의
플랫폼적
특이성

이정엽

이 글은 2020년 12월을 끝으로 기술적인 지원이 종료된 플래시에 대한 애도의 심정으로 작성되었다. 아니 어떻게 보면 플래시라는 플랫폼 자체라기보다는 그간 플래시를 통해서 만들어낸 인터넷 문화에 대한 애도라고 보는 것이 맞을 것이다. 우리는 그간 어떤 플랫폼이 종료되면 새로운 플랫폼으로 갈아타기 바쁜 시간을 보내왔다. 그러나 MIT 출판부에서 플랫폼 스터디를 펴낸 몽포르(Nick Montfort)와 보고스트(Ian Bogost)가 지적하고 있는 것처럼 플랫폼은 단순히 특정한 콘텐츠가 구동될 수 있는 토대가 아니라, 그러한 토대를 바탕으로 여러 사람들이 자신의 아이디어와 노력을 쏟아부은 표현의 결정체인 것이다.[1]

이 글은 주로 게임에 집중하여 플래시가 걸어온 역사적인 여정을 살펴보고자 한다. 애니메이션이나 웹 디자인 등 플래시가 활용된 여러 분야가 존재하지만, 게임이야말로 액션스크립트를 추가하면서 프로그래밍 언어로 변화를 꾀했던

---

[1] Nick Montfort & Ian Bogost, *Racing the Beam: The Atari Video Computer System*, Cambridge, Massachusetts: MIT Press, 2009, p.vii.

플래시가 가장 강점을 가졌던 분야이다. 플래시 게임은 아마추어 게임 제작자들이 당시 존재했던 더 오래된 게임 플랫폼과 비교해 플래시가 얼마나 더 비슷하게 성능을 발휘할 수 있는지, 그리고 동시에 어느 쪽이 더 접근 가능성이 높은지를 깨닫게 되면서 급성장했다고 볼 수 있다.[2]

플래시 게임은 웹 브라우저와 함께 급부상했으며, 인터넷 문화의 중심이 PC에서 모바일로 기울면서 급격하게 몰락해갔다. 시기적으로 보면 2000년대 초반부터 2010년대 초반까지의 10년 가량이 플래시 게임이 활발하게 창작되었던 때인데, 이는 PC 기반 웹 브라우저의 전성기와 시기적으로 일치한다. 이 시기는 구글 플레이나 애플 앱스토어가 존재하지 않았거나 지금과 같은 위상을 가지지 못했던 시기이며, 스팀(Steam) 같은 플랫폼도 지금처럼 매년 1만 개에 달하는 게임을 출시했던 것이 아니라 엄격한 관리 속에 매년 400-500개 규모의 게임만 출시하던 시기였다. 다시 말해 어떤

---

[2] Anastasia Salter & John Murray, *Flash: Building the Interactive Web*, Cambridge, Massachusetts: MIT Press, 2014, p.71.

게임을 공식적으로 시장에 출시하는 것이 매우 어려운 시기였던 것이다. 아직까지 엄밀한 의미의 인디 씬(indie scene)이 정립되지 않은 시기에 아마추어 개발자들이 모여 자신의 창작 솜씨와 아이디어를 뽐내는 초기 게임 개발자 커뮤니티의 성립은 플래시를 통해서 가능해질 수 있었다.

플래시의 역사와 플래시 게임의 등장

뉴그라운즈 웹사이트　　　　주전자닷컴 웹사이트

플래시가 웹에서 인기를 끌게 된 것은 손쉽게 웹상에서 애니메이션과 다양한 액션들을 구현할 수 있었기 때문이었다. 2000년 매크로미디어는 매크로미디어 플래시 5에서 처음으로 플래시 애니메이션을 동작하기 위한 스크립트 언어인 액션스크립트를 탑재한다. 이때부터 플래시는 게임적인 요소를 넣을 수 있는 프로그래밍 가능한 플랫폼으로 거듭날 수 있게 되었다. 특히 어도비가 인수한 이후 2007년에 발표된 액션스크립트 3.0에서는 웬만한 프로그래밍 언어를 방불케할 정도로 기능과 자유도가 업그레이드 되어 뉴그라운즈나 국내의 주전자닷컴[3] 등 커뮤니티가 활성화되면서 초기 인디게임 문화 활성화에 큰 도움을 주었다.

플래시는 단순한 웹 브라우저 플러그인이 아니었기에 다양한 창작자들의 커뮤니티를 구축하게 되었지만, 정작 플래시를 제작하는 어도비는 이러한 커뮤니티들이 지속적인 수익을 담보할 수 있는 생태계를 조성하는 데에는 큰 관심을 쏟지 않았다. 플래시 게임은 일부의 광고 수익 외에 별도의 수익을 창출할 수 있는 기반이 약했기 때문에, 대부분 이러한 커뮤니티에서 지지자들에게 플레이 하게 만드는 것 이상의 역할을 하지 못했다. 그 중 소수의 개발자만이 스팀과 같은 PC 다운로드 기반 플랫폼에서 자신들의 게임을 정식으로 판매할 수 있었을 뿐이다. 국내에서도 한게임 등에서 플래시 게임을 다수 선보였지만 현재는 이러한 게임들을

---

[3] 주전자닷컴 웹사이트 http://www.zuzunza.com

자사 홈페이지에서 대부분 삭제해 버렸다. 이후 플래시는 2010년경 스마트폰 등장을 기점으로 그 기세가 확연하게 끊기게 된다.

플래시 게임의 플랫폼적 특이성과 플랫폼 자본주의
어떤 플랫폼이 가진 성격은 당대의 시대적인 배경과 주변 플랫폼과의 관계를 통해서 상대적으로 규명될 수밖에 없다. 플래시는 GIF처럼 처음에는 간단한 애니메이션을 웹에서 구현하기 위한 플랫폼으로 출발하였지만, 이후 액션스크립트가 추가되면서 게임 제작이 가능한 단계까지 발전하게 되었다. 2010년대 중반 이후에는 유니티를 비롯한 상용 게임 엔진들이 무료화를 선언하고 언리얼 엔진도 이에 동참하면서 게임 개발의 민주화가 촉진되었지만, 2000년대 후반만 하더라도 유니티 엔진은 사용자들에게 몇 백만원의 사용료를 받아야 했었다. 따라서 이러한 상용 엔진을 구매할 능력이 되지 않는 인디게임 개발자들은 스스로 엔진을 제작하거나 아니면 무료로 이용할 수 있는 다른 대안을 찾아야 했었다. 이들에게 플래시는 굉장히 저렴한 비용으로 게임을 제작할 수 있는 출구가 되었다.

〈미트보이〉 〈아이작의 번제〉

지금은 유니티 같은 상용 엔진들이 무료화를 선언하면서 인디게임의 활성화를 위한 창구가 되고 있지만, 2000년대 후반만 하더라도 이러한 아마추어 게임 제작자들의 엔진 역할을 대신 했던 것은 플래시 게임이었다. 우리가 지금 스팀에서 즐길 수 있는 에드먼드 맥밀런(Edmund McMillen)의 명작인 〈슈퍼 미트 보이〉(Super Meat Boy)나 〈아이작의 번제〉(The Binding of Issac)의 초기 버전은 모두 뉴그라운즈라는 플래시 사이트에 등록된 게임이었다. 〈슈퍼 미트 보이〉는 〈미트 보이〉[4]라는 이름으로 등재되었으며, 〈아이작의

---

[4] 뉴그라운즈의 〈미트 보이〉 https://www.newgrounds.com/portal/view/463241

번제〉[5]는 풀 게임이 사이트에 등록되어 있었으나 스팀에 정식으로 해당 게임이 등록된 이후 현재는 데모 버전만이 올라가 있는 상태다.

몰레인더스트리아 웹사이트

또한 게임을 정치적 프로파간다의 한 형태로 격상시키기 위해 노력했던 이탈리아의 게임 그룹 몰레인더스트리아(Molleindustria)도 그들 게임의 상당수를 플래시로 작성했다. 이 그룹의 리더 역할을 하고 있는 파올로 페데르치니(Paolo Pedercini)는 2003년부터 정치와 노동을 소재로 다양한 게임들을 몰레인더스트리아에 게시해왔다. 맥도날드 같은 거대 패스트푸드 기업의 환경

---

5   뉴그라운즈의 〈아이작의 번제〉 https://www.newgrounds.com/portal/view/581168

파괴와 호르몬제 사용 등을 절차적 시뮬레이션에 근거해 디자인하여 여러 게임 학자들의 관심을 모은 〈맥도날드 비디오 게임〉(McDonald's Videogame)[6]이나 매일 똑같은 일을 반복하면서 자신의 삶을 찾지 못하는 소외 현상에 대한 비판을 담은 〈에브리 데이 더 세임 드림〉(Every Day the Same Dream)[7] 등이 대표적인 예시이다.

〈팜빌〉

문제는 이러한 플래시 게임들이 정식으로 유통될 장소가 부족했다는 점이다. 이는 비단

---

6   몰레인더스트리아의 〈맥도날드 비디오 게임〉 http://www.molleindustria.org/mcdonalds
7   몰레인더스트리아의 〈에브리 데이 더 세임 드림〉 http://www.molleindustria.org/everydaythesamedream/everydaythesamedream.html

국내에만 국한된 문제가 아니다. 2004년 스팀이 오픈마켓을 표방하면서 서드 파티 회사들에게 문호를 개방했지만, 지금처럼 자유롭게 모든 게임이 스팀에 등재될 수 있었던 것은 아니었다. 에드먼드 맥밀런(Edmund McMillen) 같은 스타 개발자들은 자신들의 플래시 게임을 스팀에 올려 엄청난 판매량과 더불어 부를 쟁취할 수 있었지만 그렇지 않은 대다수의 플래시 게임 개발자들은 그저 뉴그라운즈 같은 아마추어 플래시 사이트에 계속 머무를 수밖에 없었다. 물론 개중에 징가처럼 발 빠른 개발사들은 당시 유행했던 페이스북 같은 소셜 네트워크 서비스에 〈팜빌〉과 같은 시뮬레이션 게임을 캐주얼하게 디자인하여 인기를 끈 경우도 있었다. 그러나 이러한 2000년대 후반을 강타했던 소셜 네트워크 게임 열풍은 바로 뒤를 이은 스마트폰 게임 창작 열기에 밀려 급격하게 시들해졌다. 이 당시 플래시로 창작되었던 페이스북 게임들은 게임 디자인 측면에서는 PC나 콘솔 게임을 따라올 수 없었으며, 게임 플레이 중 재배/수확/건설 등에 시간을 소모케하여 특정 시간이 되면 플레이어가 게임에 재접속하도록 한 메커닉 역시 플레이어들을 식상케 만들었다. 이 중 시간 소모 메커닉은 스마트폰 캐주얼 게임 디자인에 그대로 흡수되었지만, 플래시 게임은 독자적인 플랫폼으로 성장할 기반이 막히게 되었던 것이다.

파올로 페데르치니는 플래시의 죽음을 앞당긴 여러 이유 중 스티브 잡스의 글 「플래시에 대한 생각」(Thoughts on Flash) 덕분도 있다고 비판하고 있다. 애플은 2010년 iOS에서 플래시를 공식적으로 차단했는데, 이 때 애플은 플래시가 무겁고 배터리 소모가 크다는 점을 이유로 들었다. 이에 대한 사용자들의 비난이 커지자 스티브 잡스는 애플 홈페이지에 「플래시에 대한 생각」이라는 글을 올리게 된다. 그는 플래시 기술이 어도비에 대해 독점적으로 운영되고 있으며, 새롭게 탈바꿈한 HTML5에서 애니메이션이 플래시 없이도 충분히 구동 가능하며, 플래시가 별도의 플러그인인 탓에 보안성과 안정성이 떨어지고 배터리 소모도 매우 크다고 주장했다. 실제로 아이폰과 같은 스마트폰에서 플래시는 발열과 느린 실행, 배터리 소모 등으로 차츰 외면받고 있던 상황이었다.

그러나 페데르치니는 이러한 잡스의 생각이 앱스토어의 수익성을 극대화하기 위한 전략이었다고 역으로 비판한다. 그는 사람들이 플래시로 게임을 할 때 애플은 수익을 올릴 수 없지만, 앱스토어에서 게임을 구매하면 애플이 수익의 30%를 차지할 수 있다는 점을 지적한다. 또한 애플이 게임 개발자에게 수수료를 물리고, 자사의 독점 기술을 사용하도록 강제한다는 점을 지적했다.[8] 페데르치니는 이러한 형태로 경쟁을 금지하고 자사의 독점기술을 사용하는 애플의 정책을 우회적으로 비판하는 게임 〈폰 스토리〉(Phone Story)를 애플 앱스토어에 올렸으나 게시 2시간 만에 삭제되었다고 비판한다. 다시 말해 애플은 겉으로는 웹 개방정책을 지지하는 것처럼 보이지만, 실제로는 자사의 앱스토어가 가진 지배력을 확대하기를 원한다는 것이다. 또한 이를 통해 정치적으로 다양한 게임들이 창작될 수 있는 기반을 붕괴시키고 상업적으로 매끄러운 게임들만 선보이게 만드는 플랫폼 자본주의가 공고화된다고 주장한다.

이처럼 플래시 게임은 유니티나 언리얼 같은 상용 게임 엔진들이 무료화되기 이전 역사상 처음으로

---

8   Paolo Pedercini, "Gone with a Flash," *Molleindustria*, 2020. 11. 23. https://www.molleindustria.org/blog/gone-with-a-flash-talk/#more-1904

아마추어 게임 개발자 커뮤니티가 활성화 되게 한 공로가 있다. 그러나 이러한 커뮤니티의 자발성은 계속해서 아마추어리즘에 머물러 있었으며, 게임 개발의 민주화라는 과실은 이후 유니티나 언리얼 같은 상용 게임 엔진이 더 좋은 성능과 무료화를 앞세워 가져가게 되었다. 어떻게 보면 플래시는 이러한 스마트폰 게임 생태계 활성화의 밑거름이 되기도 했지만, 그 사이에 끼인 과도기적 플랫폼으로서 희생양이 된 측면도 있다고 생각한다.

플래시 게임 아카이빙과 남은 과제

그렇다면 2020년 12월 31일 이후로 플래시 게임을 더 이상 플레이할 수 없게 된 것일까? 엄밀하게 말하면 대부분의 웹 브라우저에서 플래시는 2020년 12월 31일로 기술 지원이 종료되었고, 플레이 역시 2021년 1월 12일 이후로는 차단되었다. 그러나 만들어진 수많은 게임들이 액션스크립트의 버전 문제나 기술 지원의 종료 등으로 차단될 수는 없기에 개발자들은 다양한 대안 프로그램을 만들거나 아카이빙 사이트를 만들어서 플래시 게임을 보존할 방법을 강구하고 있다.

와플래시 게임 아카이브

국내에서는 '와플래시 게임 아카이브'[9]가 HTML5 플래시 플레이어를 표방하며 서비스를 하고 있다. 이곳은 플래시 플레이어 지원 종료 이후에도 플래시 게임을 즐길 수 있으며 가장 높은 호환성으로 다양한 게임과 애니메이션을 보존하고 있는 사이트이다. 한게임과 쥬니어네이버 등에서 서비스 되었던 국내의 과거 플래시 게임들이 많이 보존되어 있다. 이외에도 겜마니오락실, 존잼게임, 키즈짱게임 등 다양한 사이트에서 과거 플래시 게임을 플레이할 수 있게 되어 있지만 대부분 웹 브라우저 재생이 일반적이어서 앞으로의 플레이를 보장할 수 없는 상황이다.

---

9 와플래시 게임 아카이브 웹사이트 https://vidkidz.tistory.com

해외에서도 앞서 언급한 뉴그라운즈 외에도 니트롬(Nitrome),[10] 콩그리게이트(Kongregate)[11] 등의 사이트가 존재하지만 대부분 플래시 플레이어 플러그인에 의존하고 있었고, 이 때문에 윅 에디터(Wick Editor)처럼 플래시 개발 환경을 재현하는 것을 목표로 하는 프로젝트가 탄생하기도 했다. 윅 에디터는 브라우저에서 실행되며 HTML이나 자바스크립트 같은 개방형 웹 표준만 사용하고 있다.

문제는 플래시에 대한 기술 종료가 단순히 플러그인 중단으로 끝나는 것이 아니라 플래시와 관련된 모든 문화를 보존하는데 더 큰 위협이 된다는 점이다. 이는 다시 말해 프로그래밍 소스 코드가 있어도 오래된 플래시 게임을 업데이트하거나 다시 빌드를 제작할 수 없다는 것을 의미한다. 왜냐하면 이를 고치기 위해서 개발자는 이미 지원이 중단된 플래시 CS6 이하의 버전을 사용해야 하기 때문이다. 또한 이를 재생하기 위해서는 운영체제를 다운그레이드 하거나 특별한 기술적인 조치가 필요하다.

---

10   니트롬 웹사이트 https://www.nitrome.com
11   콩그리게이트 웹사이트 https://www.kongregate.com

이처럼 플래시는 기존의 다른 게임 플랫폼이 하드웨어 플랫폼이었던 것과는 달리 소프트웨어 플랫폼이기에 보존에 대한 더 많은 고려가 필요하다. 패미콤 미니나 플레이스테이션 미니 같은 하드웨어 콘솔들은 개발사의 후원에 힘입어 몇 십년이 지난 후에도 복각되어 현대에 재생될 수 있는 행운을 누렸다. 그러나 플래시 게임은 표준화와 보안, 수익성을 앞세운 플랫폼 자본주의에 밀려서 아카이빙의 수혜를 입지 못하고 서브컬처나 아마추어리즘의 한 구석으로 밀려나고 있다. 이는 우리가 그간 여러 가지 이유로 기술성과 수익성에 근거하여 계속해서 새 플랫폼을 찾고 거기에만 의존하려는 플랫폼 자본주의에 깊게 의탁한 이유 때문일 것이다.

이정엽

게임디자이너 겸 게임학자. 현재 순천향대학교 한국문화콘텐츠학과 교수로 재직 중이다. 시리아 난민의 삶을 다룬 〈21 데이즈〉 외 다양한 인디 게임을 디자인해왔다. 인디 게임 생태계의 다양성을 위해 부산인디커넥트 페스티벌을 조직하고 심사위원장을 역임했다. 저서로 『인디 게임』, 『디지털 게임, 상상력의 새로운 영토』 등이 있으며, 공저로는 『디지털 스토리텔링』, 『4차산업혁명이라는 거짓말』, 『게임의 이론』, 『81년생 마리오』 등이 있다.

플래시, 한국 만화가 암중모색 끝에 발견했던 하나의 빛

성상민

한국에서 정확히 언제부터 플래시를 통한 본격적인 창작 작업이 이뤄졌는지는 알 수 없다. 물론 그것은 해외 역시 마찬가지이다. 플래시 '프로그램' 자체는 1996년 퓨처웨이브가 플래시의 전신이라고 할 수 있는 프로그램인 퓨처스플래시 애니메이터를 만들면서 시작된 것이지만, 도구의 등장이 한치의 틈새도 없이 곧바로 창작물의 탄생과 범람으로 직결되지는 않기 때문이다.

확실한 점은 플래시 프로그램이 처음 출시된 것은 1996년이지만, 한국은 물론 해외에서 플래시를 활용한 작품이 본격적으로 등장한 것은 1990년대 후반이라는 점이다. 1990년대 후반은 한국은 물론 해외에서도 서서히 상대적으로 낮은 속도에 계속 머무르고 있었던 PC통신을 대체하는 ADSL[1]을 비롯한 통신 기술이 점차 도입되던 시기이다. 특히 한국의 경우에는 1998년 출범한 김대중 정권 아래 '정보통신망 고도화 추진계획'과 'PC통신 및 인터넷 이용활성화 대책' 등을 통하여 국가가 초고속

---

1   Asymmetric Digital Subscriber Line, 비대칭 디지털 가입자 회선. 전화선을 활용하여 고속 데이터 통신을 할 수 있는 기술 중 하나.

인터넷망을 적극적으로 설치하는 동시에, 낮은 가격에 PC를 공급하는 '인터넷PC' 사업이 동시에 진행되던 시기였다.[2] 플래시는 처음 등장할 때부터 2020년 12월 31일 사라지는 순간까지 고용량이 문제가 되었다. 초고속 인터넷의 보급은 플래시 창작물을 다운로드할 수 있는 장벽을 이전보다 많이 낮추는 것에 큰 기여를 했다. 만약 통신망의 정비가 지금보다 늦었으면, 한국에서 플래시 애니메이션의 역사는 조금 더 늦게 시작되었을 수도 있을 것이다.

동시에 1990년대 후반부터 2000년대 초반은 통신망뿐만 아니라 한국 사회 전 영역에서 온갖 격변이 일어나던 시기였고, 가장 큰 문제는 IMF 경제위기였다. 외환보유고의 급격한 감소는 '한강의 기적'이라는 상징적 구호에 취해 있던 한국에 큰 충격을 던졌다. 지금까지 익숙했던 구조를 송두리째 바꿔야 하는 순간을 맞이하게 했다. 갑작스럽게 찾아온 경제 위기는 모든 영역에 큰 위기를 낳았고, 특히 소위 필수재(essential goods)에 속하지

---

2   채수웅, 「IT강국 코리아를 이끌었던 대통령」, 『디지털데일리』, 2009년 8월 18일 자. http://www.ddaily.co.kr/news/article/?no=53187

않는 문화예술 영역의 창작물은 더욱 파장이 클 수밖에 없었다.

특히 만화가 문제였다. 1989년 서울문화사가 한국 최초로 일본 만화 잡지의 시스템을 본격적으로 도입한 『아이큐점프』를 창간한 이래 급격하게 성장했던 한국 만화는 IMF 경제 위기를 계기로 2000년대 중반까지도 이어지는 장기 불황 상태에 놓이게 되었다. 동시에 앞서 언급했던 김대중 정부의 인터넷망 확충 사업은 역설적으로 만화가 그전까지 놓이던 지위를 송두리째 뒤흔들어 놓았다. 1990년대 한국에서 만화는 비록 사회적인 시선이나 인식이 좋지는 못해도, 시간과 장소에 비교적 구애받지 않고 이미지를 기반으로 한 여흥을 즐길 수 있는 최고의 수단이었다. 동시에 1980년대까지의 '대본소'를 이어 1990년대부터 2000년대 초반까지 전성기를 누린 도서 대여점의 존재는 비디오 대여점과 마찬가지로 저렴한 가격에 작품을 즐길 수 있도록 하는 계기를 만들었다.

그러나 PC가 전국 가정에 차례로 보급이 되기 시작하고, 초고속 인터넷망이 확충되며 이러한 메리트는 점차 상실되었다. 아직 스마트폰이 보급되지 않았던 상황이었기에 '언제 어디서나' 즐길 수 있다고 말할 수는 없지만, 같은 시기 전국에 확산되기 시작했던 'PC방'의 등장은 데스크톱 PC가 지니는 공간적인 제약성을 부분적으로 제거한 획기적인 수단이었다. 그리고 그 시기 20년 넘게 한국인의 사랑을 받으며 여전히 많은 한국인들이 즐기고 있는 미국 블리자드(Blizzard) 사의 PC 게임 〈스타크래프트〉(Starcraft)를 비롯해, 넥슨 사의 PC 온라인 게임 〈바람의 나라〉, 엔씨소프트 사의 PC 온라인 게임 〈리니지〉가 출시되며 큰 인기를 모았다. PC와 초고속 인터넷망이라는 하드웨어를 보완한 소프트웨어가 속속들이 등장했고, 다시 PC방은 이러한 게임들을 저렴한 가격에 친구들과 즐기게 하는 중요한 '플랫폼'이 되었다. 하지만 한국에서 PC 온라인 게임이 인기를 얻게 되는 상황은 역설적으로 만화에는 무척이나 불리한 상황을 초래했다. 상대적으로 문화 매체에 대한 소비가 다른 국가에 비해 낮았던 상황에서, PC방의 빠른 전파와 함께 찾아온 기존 한국 만화가 지녔던 '여흥으로서의 이미지 미디어'라는 가치적 우위의 상실은 '웹툰'이 본격적으로 자리를 잡기 전까지의 한국 만화를 오랜 불황으로 떨어지도록 만들었다.

하지만 만화를 만들던 이들이 계속 가만히 급변하는 상황을 지켜만 보고 있던 것은 아니다. 초고속 인터넷에 비하면 훨씬 속도가 느렸지만, 이미 한국은 1997년부터 자체적인 기술을 활용하여 기존에 출간된 만화를 채색된 컴퓨터 그래픽으로 제공하는 시도가 진행되는 등[3] 1998년 이전에도 서서히 보급되기 시작하던 컴퓨터 기술을 활용하려는 움직임이 전개되고 있었다. 동시에 출판 만화계에서도 당시에는 흔치 않았던 컴퓨터 그래픽만으로 작품을 완성하여 신인만화공모전에서 대상을 차지하는 것은 물론 데뷔를 하자마자 화제를 모았던 천계영의 〈TALENT〉를 비롯해[4] 점차 만화가들 사이에서 컴퓨터를 활용하려는 모습이 드러나고 있었다. 그러나 한계가 없었던 것은 아니다. 전자의 시도는 '한국의 자체적인 기술'이라는 표어가 붙기는 하였으나, 아무리 기술이 발전해도 결국 PC통신의 전송 속도에는 한계가 있었고 그 결과

---

3 나성엽, 「PC통신으로 만화본다… 'K스트림' 통해 자료 전송」, 『동아일보』, 1997년 12월 2일 자. https://www.donga.com/news/article/all/19971202/7303726/1

4 민경원, 「손 대신 입으로 그리는 천계영 "한 회 6개월 걸려도 행복"」, 『중앙일보』, 2019년 9월 10일 자. https://news.joins.com/article/23575353

무척이나 낮은 퀄리티로 작품을 서비스할 수밖에 없었다. 천계영을 비롯한 후자의 시도는 전자에 비하면 무척이나 높은 품질로 완성되었지만, 결국 이는 작업 도구가 컴퓨터였을 뿐 이를 공개하는 방식은 '출판'에 묶여있다는 점은 달라지지 않았다. 그럼에도 불구하고 이러한 시도들의 등장은 서서히 '컴퓨터'와 '통신망'이 보급되는 상황에서, 세상이 변화하는 속도에 당시의 한국 만화가 어떻게 발맞춤을 하고자 했는지를 드러낸다는 점에서 중요한 모습이기도 하다.

동시에 전자와 후자 모두 빠르게 발전하는 컴퓨터 기술을 제대로 활용하는 한편, 기존 출판 만화와는 다른 경로를 걷고자 했다는 공통점을 지니고 있다. 1990년대 후반 이전까지의 움직임은 이러한 고민이 낳은 일종의 시행착오, 또는 실험적인 시도들이라고도 말할 수 있을 것이다. 그리고 마침내 실험이 원하는 결과를 낼 수 있는 시기가 도래했다. 각 가정에 PC가 저가로 공급되고 다시 PC통신과는 비교할 수 없을 정도로 빠른 속도를 자랑했던 초고속 인터넷망의 보급되기 시작한 1999년대 말의 상황은 이전보다는 '컴퓨터'를 통한 만화의 시도에 도전하는 것도, 그리고 그 시도의 결과물을 독자가 감상하는 것도 용이하도록 만들었다. 이러한 상황에서 플래시는 만화가들에게 있어 실험을 할 수 있는 최적의 도구가 되었다.

물론 그 작업이 결코 간단했던 것은 아니다. 기본적으로 플래시는 동적인 애니메이션을 만드는 도구이며, 정적인 만화와는 성격이 같지 않다. 마치 페이지뷰 기반의 출판 만화가 스크롤 기반의 웹툰과 '만화'라는 측면에서는 동일할지라도 세부적인 연출이나 접근의 측면에서는 많은 차이를 낳듯이, 플래시를 통한 만화의 시도도 '접근법' 자체를 다시 고민해야 하는 한계를 낳았다. 동시에 흑백의 톤을 기반으로 한 작업이 널리 통용되는 출판 만화와 달리, 컴퓨터를 통한 작업은 색채를 재현하는 지점에서 있어서 자유로움을 낳았고 이는 다시 컴퓨터를 통해 작품을 보는 독자들에게 자연스레 '컬러 작품'을 기대하게 했다. 반드시 컬러로 작품을 만들어야 할 필요는 없었지만, 대다수의 플래시 작품이 컬러로 전개된 것처럼 플래시를 통해 전개된 만화의 작업도 다수는 컬러로 전개되었다. 플래시를 통해 만화를 만드는 이들은 선과 면의 조형, 대사를 비롯한 스토리텔링에 신경 쓰는 동시에 색의 배치에도 신경을 써야만 했다.

하지만 그런 어려운 지점에도 불구하고 PC 인프라의 빠른 보급은 조금씩 많은 이들로 하여금 플래시를 통한 창작을 점차 고민하게 만들었다. 자세한 기록이 없기에 '최초'라고 말할 수는 없지만, 플래시를 통한 만화의 시도에서 먼저 주목을 받은 것은 김득헌의 〈졸라맨〉 시리즈와 조문홍의 〈홍스구락부〉이다. 김득헌은 처음부터 만화를 그리거나 문화예술 영역에서 작업을 하던 이가 아니다. 그는 원래 기계를 전공하여 전문대학 졸업 이후에는 특수배관 설계 시공회사에서 근무했던 이력이 있다. 하지만 그는 어릴 때부터 만화를 좋아했고, 자신에 대한 취미를 어떻게든 살릴 수 있는 계기를 만드려고 했다. 플래시는 그런 고민을 단숨에 해결할 수 있는 매우 유용한 도구가 되었다.[5] 물론 전문적으로 만화나 애니메이션을 전공한 이가 아니었기에 그가 개인 홈페이지를 통해서 공개한 〈졸라맨〉의 면모는 조금은 단순한 측면도 있었다. 〈졸라맨〉은 캐릭터는 물론 배경도 그렇게 모두 간략하게 처리되었다. 세부적인 데생 작업 없이 간략한 선 몇 개로 모든

---

5 신을진, 「대박 캐릭터들 '세계로 세계로'」, 『주간동아』, 2004년 10월 29일 자. https://weekly.donga.com/3/all/11/68274/1

것을 표현했다. 스토리 역시 특별한 기승전결이 있는 것이 아니었으며, 히어로물을 표방하지만 실질적으로는 짧은 코미디에 가까운 작품이었다. 하지만 독자들은 그러한 아마추어리즘을 환영했다. 1999년 처음으로 공개된 〈졸라맨〉은 금세 장안의 화제가 되었고, 본래는 취미이자 개인 작업에 불과했던 〈졸라맨〉은 순식간에 '상업적인' 캐릭터로 변신했다. 비록 더 이상 플래시로 〈졸라맨〉이 나오지는 않지만, 현재에도 졸라맨을 주인공으로 내세운 만화가 나올 정도로 〈졸라맨〉은 1990년대 플래시 기술의 보급이 낳은 최고의 스타 중 하나였다.

〈졸라맨〉　　〈마시마로〉　　〈홍스구락부〉

〈졸라맨〉과 비슷한 시기, 조문홍의 개인 사이트명이자 조문홍 본인의 플래시 작품을 상징하는 하나의 브랜드가 되었던 〈홍스구락부〉는 〈졸라맨〉이 지녔던 대중적 친화성과 정반대로 과격하고 자유분방한 표현으로 인기를 얻었다.

본래 영화 무가지 『네가』(NEGA)를 통해 데뷔했던 언더그라운드 만화가였던 조문홍은 1999년 자신이 운영하는 개인 사이트를 통해 자신이 만들어온 작업들을 거침없이 올리기 시작했다.[6] 유행하는 영화나 광고를 마구 패러디하는 것은 물론, 욕설을 자유롭게 사용하는 것은 물론 지금 봐도 조금은 폭력적이나 성적일 수 있는 표현을 지속적으로 활용했다. 당시는 물론 현재도 주류의 영역에선 쉽게 허용되기 곤란한 표현이었지만, 1996년부터 1997년까지 순차적으로 헌법재판소에서 사전 검열에 대한 위헌 판정을 내렸던 시대적 상황과 1990년대 후반부터 활짝 열린 인터넷의 장은 조문홍 본인에게는 물론, 기발한 작품을 갈구했던 독자들에게는 하나의 탈출구가 되었다. 동시에 2000년대 초반은 소위 '엽기' 열풍이 불던 시기였다. 이전까지는 징그럽다거나 이상하다는 소리를 들었을 작품의 소재나 코드들이 갑작스럽게 주류에서도 하나의 발칙한 시도로서 인정하는 상황이 되었다. 그렇게 언더그라운드 만화 조문홍은

---

[6] 황혜림·최수임, 「화제의 국내 플래시애니메이션 열전」, 『씨네21』, 2001년 6월 7일 자. http://www.cine21.com/news/view/?mag_id=2399

갑작스럽게 주목을 받기 시작했다. 본래 광고 패러디를 통해서 주목을 얻었던 조문홍이 거꾸로 광고를 위한 플래시 작품을 만드는 일까지 발생했다.

〈졸라맨〉과 〈홍스구락부〉의 성공은 곧 다른 창작자들에게도 고스란히 영향을 미쳤다. 특히 여러 사정으로 인하여 주류에서 활동할 수 없거나, 처음부터 언더그라운드 노선을 지향했던 창작자, 또는 원래 만화에서 전문적으로 활동하지는 않았지만 창작에 관심이 많은 아마추어 창작자들에게 연쇄적으로 영향을 미쳤다. 또는 계속 활동 기반을 만화나 일러스트레이션에 두더라도 여러 실험을 위해서 플래시를 활용하는 경우도 있었다. 2000년에 대중들에게 회자된 김재인의 〈마시마로〉 시리즈는 앞선 〈졸라맨〉과 〈홍스구락부〉와는 또 다른 탄생의 계기가 존재했다. 공주대 만화예술과를 졸업한 김재인은 학교를 마친 이후 캐릭터 라이선싱 전문회사에 취직해 유아용 콘텐츠를 위한 캐릭터로 마시마로를 창안했지만, 회사에서는 별 좋은 반응이 없었다. 자신이 손수 만든 캐릭터를 그대로 버리기에 아까웠던 김재인은 자신이 만든 마시마로 캐릭터를 플래시 애니메이션으로 만들어 만화 전문 플랫폼 N4에

게재하기 시작했다.[7] 당대를 풍미하던 코드인 '엽기'를 활용한 〈마시마로〉 시리즈는 겉으로 보기에는 귀여워 보이는 토끼 캐릭터 마시마로가 거침없고 폭력적인 행동으로 카타르시스를 낳았고, 빠른 속도로 인터넷에서 화제가 되었다. 이렇게 캐릭터 마시마로가 주목을 받자 한동안 캐릭터를 방치하고 있던 김재인의 회사는 다시 이 캐릭터를 상업적으로 활용하는 것에 전력을 다하게 된다. 이후로 마시마로 시리즈는 적극적으로 플래시로 제작되지는 못하였으나, 이 성공은 앞서 〈졸라맨〉과 〈홍스구락부〉의 성공에 이어 플래시를 통하여 주목받지 못하던 창작자들이 주목을 받을 수 있다는 선례를 만들었다.

만화가 스노우캣(snowcat, 본명 권윤주)과 청설모(본명 박상준)의 사례는 플래시 애니메이션이 창작자 자신의 작품을 알릴 수 있는 중요한 통로로 쓰일 수 있다는 점을 다시 한번 일깨웠다. 본래 1998년 '쿨캣'(coolcat)이라는 닉네임으로 활동하던 만화가 스노우캣은 데뷔할 당시는 물론, 현재에도 주된 베이스는 작가

7 같은 곳.

자신의 모습을 바탕으로 한 오너 캐릭터(owner character)를 만들어 이를 바탕으로 에세이 만화를 연재하는 것이다. 하지만 그가 활동하던 당시 막 창작자들에게 보급되던 플래시는 한창 활동할 장소를 찾고 있던 스노우캣에게 큰 도움이 되었다. 비슷한 시기 등장해서 화제가 되고 있던 김어준의 웹진 『딴지일보』를 통해 자신이 창작한 플래시 애니메이션 작업을 선보이게 된 것이다.[8] 스노우캣 작품 특유의 염세적인 성향과 함께 당시 유행하던 엽기 코드를 조합해 어두운 호러 스타일로 완성된 권윤주의 작업은 앞서 언급했던 〈졸라맨〉 등처럼 압도적인 화제에 오르지는 않았지만, 작가 자신의 활동을 계속 이어나갈 수 있는 하나의 원동력이 되었다.

스노우캣

8 같은 곳.

〈부활 이소룡〉

한편 만화가 청설모의 경우는 조문홍이 만들었던 〈홍스구락부〉와 비슷하지만, 더욱 적극적으로 하나의 유행을 만들었다고 해도 과언이 아닐 정도로 자신만의 길을 걸어갔다. 그는 본래 2000년 당시 전국적으로 흥행하던 MBC 드라마 〈허준〉의 패러디 작업을 통해 대중들에게 알려졌다. 그리고 2001년, 사망한 이후에도 계속 전세계적으로 수많은 마니아를 지니고 있는 홍콩 액션배우 이소룡(李小龍)을 주인공으로 한 〈부활 이소룡〉 시리즈가 결정타가 되었다.[9] 이전까지의 플래시 작업에서는 찾아볼 수 없는 섬세한 그림체와 호쾌한 액션 연출은 이소룡이 생전에 등장했던 액션 영화를 연상하게 하였다. 동시에 2000년대 당시 한국의

---

9   같은 곳.

대중적인 정서인 정치 부패에 대한 혐오, 일본에 대한 민족주의적인 감정 등을 적극적으로 활용하여 2000년대 한국에서 부활한 이소룡이 부패하고 부조리한 이들을 징벌한다는 스토리는 〈부활 이소룡〉 시리즈를 더욱 화제에 오르게 만들었다. 이러한 열풍은 한동안 한국 대중문화에 이소룡에 대한 열풍을 낳아 최종적으로는 무산되었지만 이소룡을 CG로 부활시키는 프로젝트를 한국 영화사에 주도하게 하거나, 비슷한 시기에 나왔던 영화인 2002년 〈품행제로〉나 2001년의 〈이소룡을 찾아랏!〉에 영향을 미칠 정도로 큰 열풍을 구가했다.[10] 이후 청설모는 웹툰으로 본격적으로 전업하며 현재는 스노우캣 등과 마찬가지로 플래시 작업을 하고 있지는 않은 상황이나, 그가 작업했던 플래시 작품들은 청설모의 이름을 본격적으로 알리는 것에 큰 기여를 하였다.

이외에도 2002년 데뷔하여 현재에도 만화 작업과 더불어 플래시 기반의 애니메이션 작업을 병행하고

---

10 차형석, 「이소룡 어록」, 『시사저널』, 2004년 5월 4일 자. http://www.sisajournal.com/news/articleView.html?idxno=92936

있는 작가집단 오인용을 비롯해 2000년대 초반은 만화적인 차원에서 플래시 애니메이션을 고민하는 작업들이 지속되었던 시기였다. 물론 앞서 말했다시피 플래시는 만화와는 결코 성격을 같이 하는 매체이자 도구가 아니었으며, 당연히 제작하는 것도 마냥 용이하지는 않았다. 기술의 발전을 통해 애니메이션의 작업 강도가 이전과 대비하여 상대적으로 낮아진다고 해도, 애니메이션은 여전히 많은 노동력과 시간이 필요한 장르이다. 플래시가 본래 애니메이션을 만드는 것으로 설계된 도구였음을 생각하면, 플래시를 만화적인 차원으로 구현하기 위해 작업한 이들 역시 무수한 시간을 들여 작업했을 것으로 추측된다. 물론 이 작업은 누군가가 강요한 작업도 아니며, 작업을 처음 시작할 당시에는 아마추어거나 언더그라운드 영역에 있던 이들이 자신의 자유로운 창작을 위해서 선택한 도구가 플래시였다. 하지만 역설적으로 플래시를 통해서 자신들이 인기를 얻고, 새로운 작업들이 늘어갈수록 플래시 작품의 상대적으로 높은 작업량은 작업을 지속하기 어려운 상황을 낳았다. 그나마 집단이었던 오인용 정도가 현재까지도 꾸준히 작품을 제작할 수 있던 것은 작업을 창작자 1인이 전담하지 않고 다른 멤버들과 분담하는 것이 가능했기 때문일 것이다.

다만 오인용의 작품이 점차 현재의 정세와 유리된 것은 물론, 도리어 어떤 순간에는 이전의 혐오적인 정서를 답습하는 행태가 반복되는 것은 안타까운 일이다.

오인용

이러한 한계에도 불구하고 플래시 애니메이션은 한국 만화가 2004년 다음, 파란, 네이버 등 포털 사이트를 시작으로 웹툰 서비스를 본격적으로 시작하며 만화의 중심점이 출판에서 웹툰으로 옮겨지기 전까지, 깊은 침체에 빠져있었던 한국 만화의 돌파구가 되었다. 이전까지는 기성의 매체를 통해 공모전이나 문하생과 같은 '진입 단계'를 거쳐야지만 만화가가 될 수 있었다면, 작가가 개인 홈페이지 등을 통해 자신이 구상한 만화를 바탕으로 한 플래시 작업을 통해 인기를 얻어 이를 기반으로 대중들에게 주목을 받는 모습은 만화 작업을 할 수 있는 새로운 돌파구를 만들었다. 한편으로 컬러 작업은 물론 캐릭터나 배경이 동적으로 움직이며, 때로는 '게임 형식'을 비롯해 부분적으로 인터랙티브 효과를 삽입한 것은 단방향 매체가 되기 쉬운 만화의 새로운 전달 가능성을 고민하는 동시에, 만화라는 매체의 새로운 가능성을 엿보게 만드는 하나의 계기가 되었다.

또한 플래시 애니메이션의 노골적인 폭력, 공포, 성적 표현의 자유로운 활용은 만화뿐만 아니라 한국 사회가 2000년대까지 계속 얽매여 있던 사회적 터부 문제에서 벗어날 수 있는 하나의 탈출구가 되기도 하였다. 물론 현재 시점에서 이들 작품 중 일부는 당시로서는 '표현의 자유'라는 이름으로 쉽게 간과했던, 젠더 차별 문제를 지니고 있는 것들도 보인다. 하지만 당시는 아직 사전 검열에서 자유롭게 된 지 5년도 되지 않았던 시기였기에, 이러한 표현들이 구체적인 분석이나 탐구 없이 일단 통쾌하게 받아들여졌던 시대적 맥락을 고려할 수 있다.

이제 2000년대 초반 활발하게 창작되었던 플래시 작품 대다수는 다시 관람하는 것이 어려운 상황이 되었다. 누군가가 개인적으로 저장해두어서 동영상 형태로 변형된 운 좋은 케이스가 아닌 이상, 당시의 작품 상당수는 파일 자체가 없어지거나 설사 파일을 구할 수 있더라도 지원이 종료되는 플래시의 운명에서 벗어날 수 없는 것이 현실이다. 한국영상자료원 차원에서 한때 '애니DB'라는 이름으로 플래시 애니메이션을 아카이빙하는 시도가 있으나[11] '애니DB'는 2010년대 중반경 사이트 개편과 맞물리며 더 이상 접속이 불가능해졌고, 그간 한국영상자료원이 수집한 플래시 작품들을 열람하는 것도 용이하지 않게 되었다. 창작자 본인이 당시 제작한 플래시 작품을 지금도 소장하고 있거나, 독자의 자발적인 노력이 없다면, 이들 작업들에 다시 접근하는 것은 결코 쉽지 않은 상황이다.

설상가상으로 플래시 작업이 당시 만화와 어떤 연관성을 지녔었는지에 대한 유의미한 수준의 분석이 존재하지 않는 상황이다. 물론 만화와 애니메이션은

---

11 「애니DB 오픈! 애니메이션 데이터베이스!」, 한국영상자료원 블로그, 2009년 12월 4일 자. https://blog.naver.com/film_archive/110075246587

쉽게 비슷한 장르로 묶이지만 엄밀히 따지면 결코 같은 장르가 아니며, 구체적인 속성 차원에서는 더욱 큰 차이가 발생한다. 이러한 상황에서 플래시 창작물들은 '애니메이션'이라는 차원에서만 접근이 이뤄졌을 뿐, 플래시를 통해 만화와 연계하는 시도를 펼치고자 했던 움직임들은 이렇다 할 주목이나 평가, 분석이 이뤄지지 않은 것이 현실이다.

그러나 이 글에서 살펴봤던 것과 같이 플래시 창작물들이 단지 '애니메이션'으로만 분류되는 시도로 볼 수 없으며, 플래시의 역사에 족적을 남긴 작품들은 만화적인 돌파구를 모색하던 시도와도 분명하게 연결되는 지점이 있다. 동시에 플래시를 통해서 선보이던 작품의 속성이 웹툰으로 일부 이전되거나, 플래시 작업을 주로 선보였던 이들이 이후 웹툰 작업으로 활동의 주무대를 옮기는 등의 상호 연관성 또한 결코 간과할 수 없다. 플래시는 2020년 이후 사용하기 어렵게 되었지만, 작품의 흔적과 맥락까지 사라지지는 않는다. 플래시가 낳았던 만화 영역의 파장을 1990년대 말과 2000년대 초라는 시대적 맥락과 함께 접근해야 할 필요는 너무나도 충분하다. 그 계보와 흐름을 탐구하는 움직임이 선행되어야, 현재 너무나도 당연하게 여겨지고 있는 웹툰에 대한 접근도, 그리고 웹툰에서 파생된 상호적인 맥락과 관계의 문제에도 더욱 깊게 파고들 수 있지 않을까. 어떤 의미로 한국에서 플래시가 만화와 함께 교류하며 진행된 과정과 결과물에 대한 접근은, 그렇게 멀지 않지만 벌써 미싱 링크(missing link)가 되고 있는 한국 만화의 2000년대 역사를 다시 채우는 소중한 시도가 되리라.

성상민

2005년 『만화언론 만』의 객원필진으로 처음으로 글을 쓰기 시작했다. 이후 만화를 중심으로 다양한 문화 영역에 대한 평론을 쓰며, 서울과학기술대에서 디지털문화정책 석사 과정을 다니며 공부를 계속하고 있다. 저서로는 『지금, 독립만화』(2019)를 냈다.

사라진 플랫폼과 남은 이미지에 대한 질문들: 장영혜중공업 업데이트하기

이민주

낡은 정거장이 된 플래시가 철거를 앞두고 있다. "Flash Player는 2020년 12월 이후 더 이상 지원되지 않습니다." 준비되지 않은 이별에 당황한 것도 잠시, 이 고별이 결코 갑작스러운 것이 아님을 알게 된다. 2010년부터 애플은 보안과 호환성 문제 등을 이유로 맥OS에서 어도비 플러그인 지원을 중단했으며, 어도비는 2015년에 이미 플래시를 대체할 어도비 애니메이트를 출시했다. 여기에 HTML5와 같은 웹 표준 기술이 발 빠르게 발전하면서 플래시는 자리를 보전할 명분을 잃게 됐다. 플래시와의 안녕은 오래전부터 천천히 준비되고 있던 것이다. 2000년대 초 졸라맨, 마시마로, 뿌까와 같은 플래시 애니메이션이 누렸던 영광을 뒤로 한 채 말이다. 영원히 반짝일 것 같던 이 거점의 황폐함을 우리는 어떻게 받아들여야 할까? 많은 사람들이 모였다가 흩어지고 이내 무너져가는 플랫폼에 남은 것은 무엇인가? 어떤 종류의 상실은 떠난 자리에 묵직한 질문을 남겨둔다.

기술과 미술의 관계에 부쳐진 질문

당대의 미술에서 디지털 미디어와 기술은 주요한 표현 형식으로 자리 잡는다. 기술이 진보를 좇아 속도를 낼 때마다 미술은 정신없이 기술의 결정을 따르거나, 빠르게 달려가는 그것과 스스로를 견주어 왔다. 이 지점에서 플래시가 고한 작별은 기술과 예술의 원론적인 관계를 다시 한번 질문하게 만든다. 그중에서도 특히, 2019년 화두가 됐던 백남준 〈다다익선〉의 보존과 복원의 문제를 둘러싼 논쟁을 상기시킨다. 〈다다익선〉은 2018년 '브라운관'이라 불리던 CRT모니터의 노후에 따라 화재 발생 위험과 안정성 관련 문제로 가동이 중단되었으나, 국립현대미술관이 〈다다익선〉의 보존·복원에 관해 진행된 조사 경과와 운영 방향을 발표하면서 논쟁이 점화되었다.

국립현대미술관은 작고한 작가의 작품을 복원하는 데 있어 가장 기본적인 자세로 '원형 유지'를 주장했다. 〈다다익선〉의 CRT모니터가 20세기를 대표하는 매체로 기억될 것이라고 말하며 CRT모니터를 최대한 복원해 작품의 시대적 의미와 원본성 유지에 노력할 것이라고 밝혔다. 동일 기종 중고품을 구하거나 수리하면서 CRT재생기술 연구를 도모하고, 더 이상 방법이 없을 시에 LCD나 LED와 같은 비교적 최신 기술을 부분 도입하겠다는 것이다. 하지만 일각에서는 브라운관 보존이라는 기술적 차원의 유지가 엄밀한 의미에서 미술 작품의 '원형 유지'라고 볼 수 있는지 질문하며, 그 근시안적 해결 방안에 공감하지 않았다. 특히 작년 런던 테이트 모던(Tate Modern)에서 개최된 대규모 백남준 회고전의 공동 기획자 이숙경 큐레이터는 모니터의 기술적 문제에 관련한 질문에서 "백남준도 작업마다 매번 다른 방식으로 기술적 접근을 했기에 큐레이터로서 기술적 상황에 따라 융통성 있게 접근"했다고 답했다.[1] 이는 백남준의 텔레비전이 '미디어 아트'로 독해되는 만큼 예술 작품이 형식과 맺는 관계, 그리고 이에 매개된 미학적 속성의 중요성을 주장하는 것이다. 그렇다면 〈다다익선〉의 미학적 '원형'은 어디에 있는가? 텔레비전이 보여주는 영상 소프트웨어 혹은 그 이미지 자체인가, 아니면 국립현대미술관의 주장처럼 브라운관이라는 기술 형식에 있는가? 이러한 질문들은 기술의 죽음 앞에서 미술의 모호한 태도를 드러내며, 플래시의 작별과도 무관하지 않다.

---

1 「백남준 회고전 개최하는 영 테이트모던 미술관 큐레이터 인터뷰」, 『동아일보』, 2019년 10월 15일 자. http://www.donga.com/news/List/Culture/article/all/20191015/97893462/1

장영혜중공업

장영혜중공업의 실연

플래시는 1990년대 후반부터 2000년대 초까지 이미지를 움직이게 만드는 최신 기술이었다. 오늘의 미술에서 미디어 아티스트라고 불리는 작가들이 플래시 기반의 무빙이미지를 생산하는 경우는 많(았)지만, 이 기술을 전면으로 활용한 작가는 장영혜중공업(YOUNG-HAE CHANG HEAVY INDUSTRIES)이라 말할 수 있다. C.E.O(Chief Executive Officer) 장영혜와 C.I.O(Chief Information Officer) 마크 보주(Marc Voge) 두 명으로 이루어진 장영혜중공업은 1999년에 서울에서 창립되었다. 이들은 통상 '웹 아티스트'라고 표명되며, 인터넷이라는 웹 공간을 단순히 기록의 차원이 아닌 작업의 특징적 장소로 활용했다. "해외의 작가 체류 프로그램에서 짧은 기간 동안 플래시 기법을 습득하게 되면서 비물질적이고, 가볍고, 다루기 쉬우며, 인터넷만이 가능한 여러 가지 특성이 추구했던 바와 잘 맞아떨어졌다"고 말하며 자신들을 웹 아트 작가로 부르길 긍정한 바 있다.[2]

플래시가 1996년에 출시된 것을 고려해볼 때, 웹 장악력이 크지 않던 1999년이란 시점에 장영혜중공업의 작업은 가히 파격적이었다. 미디어 아트의 카테고리에서 인터넷을 무대로 삼는 웹 아트는 일반적으로 '상호작용성', '커뮤니케이션'이라는 키워드를 내포한다. 그러나 장영혜중공업은 플래시를 작업의 기술적 특징으로 삼아 이미지가 재생되는 방식을 컨트롤하며 앞의 키워드와 거리를 두었다. 물론 플래시 또한 웹에서 제작자와 사용자의 상호작용을 가속화시켰다고 말할 수 있지만, 제작자에게 작동키를 쥐여주면서 사용자의 개입을 관리할 수 있는 기술이었다. 일반 동영상과는 달리 플래시로 만들어진 무빙이미지는 제작자가 따로 설정하지 않는 한 보는 사람

2 『장영혜중공업이 소개하는 문을 부숴!』 전시 도록, 서울: 삼성 로댕갤러리, 2004, p.202.

마음대로 영상을 조작할 수 없다. 말하자면 그 흔한 '빨리감기'와 '뒤로감기' 혹은 '일시정지'를 할 수 없는 것이다. 장영혜중공업에서 바쁜 리듬의 타이포모션과 빠른 재생 속도는 보는 이들이 개입할 틈을 주지 않았고, 상호작용성과 커뮤니케이션 같은 웹의 보편적 특징 자체를 새롭게 전유하려는 것처럼 보였다. 달리 말해 이들의 작업적인 특징은 보는 이의 개입을 불허하고 일방적 말하기를 구사하는 것이며, 이러한 작업에서 플래시는 단순히 기술적인 도구가 아니라, 그 성격을 특징짓는 형식이라 볼 수 있다.[3]

하지만 플래시가 역사의 저편으로 사라져 갈 때, 플래시로 제작됐던 그 많은 작업은 어디로 가야 하는가? 과거 장영혜중공업의 웹페이지는 다른 작가들의 웹페이지와 조금 다른 위상을 가졌다. 웹 아티스트라는 이름에 걸맞게 이들의 웹은 단순히

---

[3] 물론 장영혜중공업의 작업의 성격을 단지 형식과 이미지의 관계로만 규정할 순 없다. 더욱이 최근에 제작된 이들의 작업은 애초에 플래시 형식으로 제작되지 않는다. 이는 언어와 이미지의 관계, 텍스트의 문학성, (웹 또는 전시장에서) 영상을 보는 관람 경험의 차이 등 더욱 입체적인 접근을 요구한다. 하지만 이 글에서는 장영혜중공업 작업의 특징이 플래시 형식에서 시작했다는 점에 초점을 맞춰 플래시 형식과 그들이 보여주는 이미지의 관계에 집중한다.

작업을 아카이빙하는 웹페이지, 웹 포트폴리오가 아닌 작업을 전시하는 장소와 같았다. 작업의 제목을 클릭하면 현란한 화면 전환과 함께 텍스트는 멈춤 없이 다가왔고, 이는 전시장에서 정지하지 않는 영상을 보는 경험과도, 인터넷에서 (언제든지 스톱할 수 있는) 동영상을 감상하는 경험과도 다른 것이었다. 그러나 플래시의 죽음 앞에서 장영혜중공업의 웹페이지 작업들은 이미 대부분 '아카이빙'의 형식으로 전환되어 있었다. 플래시로 만든 작업이 플레이되는 장면을 녹화해 유튜브와 비메오(Vimeo) 플랫폼에 올려놓은 영상은 언제든지 멈추고 재생할 수 있다. 다소 타협적인 이러한 변화는 선언적이었던 작업을 이전과 다른 형식의 작업으로 웹에 기록한다. 백남준 〈다다익선〉의 사례는 텔레비전이라는 기술적 형식은 지켰지만 작업이 갖춘 기술에 관한 미적 태도를 소외시켰다. 한편, 장영혜중공업의 플래시는 기술의 형식을 잃어버리면서 그것이 보여주던 이미지적 성질까지 놓치고 말았다.[4] 이들의 작업은

---

4   백남준의 텔레비전과 장영혜중공업의 플래시와의 비교에서 하드웨어와 소프트웨어 미디어라는 차이 역시 무시할 수 없다. 그러나 본 글에서는 논의의 구체성을 위해 다루지 않기로 한다.

형식과 이미지 모든 면에서 선언적이었다. 하지만 언제든지 정지할 수 있는 선언에 어떤 효과가 있단 말인가? 장영혜중공업의 실연은 죽은 형식의 자리에 남겨진 이미지를 묻는다.

이미지와 형식의 기술적(descriptive) 관계

미술의 역사에서 매체와 형식은 늘 중요한 화두다. 당대의 미술에서는 서구 모더니즘의 '매체 특정성'(medium specificity), 또는 형식주의의 전통과 결부하여 작업을 물질적, 기법적 속성으로만 규정하지 않도록 유념하며, 매체 형식에 따라 변화된 관람 방식과 확장된 경험의 문제에 초점을 맞추곤 한다. 이미지와 형식의 관계는 다소 철 지난 논의로 치부되곤 하지만, 미술의 중심에는 언제나 형식에 대한 논의가 있었다. 물론, 매체 특정성이 무너져가는 상황에서 변화한 예술의 매체를 기억의 이름으로 다시 읽고자 시도되었으나, 이 역시도 작품을 독해하는 데 있어 형식적 준거 틀을 포기하지 않는다는 이유로 비판의 표적이 되었다.[5]

---

5   크라우스는 '포스트-미디엄' 담론 아래 매체라는 단어 대신 '기술적 지지체'(technical support)라는 개념으로 매체 특정성을 되찾고자 했다. 이는 스펙터클화 되고 있던 당대의

미술에서 형식과 이미지의 관계는 쉽사리 봉합되지 않는 문제였다.

이미지와 형식의 관계를 논의하기에 앞서, 매체와 형식의 모호한 경계를 먼저 정리해보자. 매체(media)는 무엇과 무엇의 중계 가능성의 조건이다. 매체(媒體)의 '체'는 한자 몸 체 자를 써서 하나의 형상을 가진 것처럼 인식되지만, 엄밀하게 말해 이는 빛이나 공기처럼 단일한 모양으로 가시화될 수 없다. 반면 형식은 하나의 매체를 경유해 형성되며, 매체적 조건이 외현된 것으로 이해할 수 있다. 즉 매체의 중계적 조건을 발화 가능하게 만드는 기반인 것이다. 이런 구분에 의한다면, 이미지를 운반하는 형식, 매체의 조건을 가시화하는 형식과 이미지의 관계는 단지 지나간 논의로 치부될 수 없다. 여기서 이 관계를 이미지 내부와 외부와 같이 이분법적으로 분리하는 것 역시 곤란하다. 백남준의 오래된 텔레비전과 텔레비전의 이미지를 떼어놓을 수 없는 것처럼 이미지와 형식은 안팎의 구분 없이

미술에 맞서 전통적 미디어가 가진 가능성을 발견하고자 한 것이다. 로잘린드 크라우스, 김지훈 옮김, 『북해에서의 항해: 포스트-매체 조건 시대의 미술』, 서울: 현실문화, 2017. 참고.

한 몸처럼 들러붙어 있으며, 결코 단독으로 존재할 수 없기 때문이다. 달리 말해 그것은 양극단에 놓인 것처럼 보일 때조차도, 내부와 외부의 문제로 분리할 수 없는 야누스의 얼굴인 것이다.

이미지는 형식을 서술하고, 형식은 이미지를 가리킨다. 서로가 서로를 묘사하는 이러한 상호 기술적인(descriptive) 관계에서 한 기술(technology)의 상실은 형식이 중계했던 조건을 상기시킨다. 플래시의 죽음보다 중요한 것은, 플래시의 시각적 대상이 아니라 그것이 시각화했던 것, 플래시 형식이 매개했던 조건들인 것이다. 플래시 기술과의 이별 앞에서 장영혜중공업의 플래시 이미지가 갖던 미학적 가능성을 확인할 수 있던 것처럼 말이다. 우리는 과거를 추억하며 시대의 영광을 복기하기보다, 상실의 잔재를 더듬어보는 것에서 이미지 자체의 역량을 살펴볼 수 있을 것이다. 이미지가 자가증식 하는 시대에서 플래시는 그것의 물질적인 흔적을 기억하게 만들며, 흔적으로 남은 이미지는 한 시대를 풍미했던 화려한 기술의 상실을 기록한다. 그리고 우리는 그 이미지로부터 낭만화된 과거가 아닌 상실 이후의 삶을 상상해야 한다.

플랫폼이 구획된 땅(plat)의 형상(form)을 의미하는 것이라면, 플래시는 하나의 플랫폼으로서 장소의 기능을 다했다. 플래시에 대한 우리의 기억과 움직임의 자국을 분명하게 보여주면서 말이다.

> **ⓘ**
> 이민주
> 미술이론을 전공했으며 전시 《이브》(삼육빌딩, 2018)를 협력 기획, 《동물성 루프》(공-원, 2019)를 공동 기획했다. 이미지연구공동체 반짝의 멤버이며, 주로 시각예술에서 이미지가 드러나는 형식과 관람의 조건에 대해 비평적 글쓰기를 시도한다. 최근에는 다큐멘터리 이미지에 관한 전시 《논캡션 인터뷰》(2021)를 준비하고 있다.

FLASHMOB

죽어버린 게임을 소환하는 방법 → 이경혁, 이정엽, R.I.P. FLASH팀 (권태현, 박이선)

FLASHMOB

죽어버린 게임을 소환하는 방법

FLASHMOB

죽어버린 게임을 소환하는 방법

2020.12.31 플래시 지원 종료 하루 전

태현
곧 있으면 플래시의 첫 번째 기일입니다. 플래시의 죽음은 2번에 걸쳐서 이루어집니다. 2020년 12월 31일 이후로 어도비에서 서비스 지원이 종료되고, 공식적으로 웹에서 플래시의 재생이 멈추는 것은 2021년 1월 12일부터라고 합니다. 그래서 오늘 이렇게 플래시와 게임에 대해 이야기 나누기 위해 모였습니다.

이선
플래시 게임이 수용되었던 당대 사회적 맥락을 함께 이야기 나누면 좋을 것 같습니다. 플래시 게임, 즉 웹 브라우저 게임이 수용되었던 당시 웹 문화 말입니다. MIT 출판부에서 나온 책 *Flash: Building the Interactive Web*은 플래시라는 소재를 가지고 코드 분석부터 사회적 맥락까지 잘 정리한 책인데요. 미국에서 쓰였다 보니, 미국 웹 문화 중심의 서술이 주를 이룹니다. R.I.P. FLASH 프로젝트에서는 잘 다뤄지지 않은 한국의 맥락을 중심으로 이야기해보죠.

FLASHMOB

죽어버린 게임을 소환하는 방법

태현

ripflash.net 웹사이트 배경화면에 한국식 장례 행렬 이미지를 넣었던 것은 그러한 맥락을 생각한 것입니다. 기존의 영미권 담론과 조금 다른 이야기를 꺼내보는 것이 이번 기획의 중요한 목적이기도 합니다.

이선

플래시 게임과 오늘날의 게임과의 관계에 대해서도 할 이야기가 많습니다. 플래시 게임에서 시작하여 모바일에서 흥행한 〈앵그리 버드〉(Angry Birds), 〈캔디 크러시 사가〉가 있었고, 타워 디펜스와 클리커, 방탈출 등은 플래시 게임에서 주로 발달한 장르였죠. 국내의 경우 〈거지 키우기〉의 제작사가 플래시 게임의 형식에 기반하여 개발했음을 밝혔고, 〈애니팡〉의 제작사 선데이 토즈 역시 플래시 플랫폼을 처음 사용했습니다. 슈퍼셀(Supercell)이나 플레이릭스와 같이 현재 잘 나가는 글로벌 모바일 게임회사들이 처음에는 플래시 게임으로 시작한 경우가 많다는 점도 주목할 만합니다.

FLASHMOB

죽어버린 게임을 소환하는 방법

플래시 게임의 기억

이선
매우 가볍게 소비했지만, 우리는 플래시 게임을 다시금 조망할 필요가 있다고 생각합니다. 저와 같은 90년대생이나 그 이후의 세대는 어릴 적 컴퓨터라는 기계를 다루기 시작했을 때 게임을 플래시로 처음 접한 경우가 많았습니다.

정엽
저희보다 10년 정도 이후의 세대네요.

경혁
저의 첫 게임은 6살쯤에 문방구 게임기에서 했던 〈뎁스차지〉(Depthcharge)였습니다. 1978년에 나온 게임이었죠.

정엽
저는 〈엑세리온〉(Exerion)이라는 비행기 슈팅 게임이었습니다. 당시 국내 오락실에는 한 대씩 있었죠.

FLASHMOB

죽어버린 게임을 소환하는 방법

이선
태어나는 시기별로 첫 게임의 플랫폼이 아케이드(오락실), PC, 그리고 모바일 게임으로 변화하는 것 같기도 합니다.

경혁
최근에 제가 만났던 2000년생 게이머의 경우 가장 첫 게임으로 쥬니어네이버를 이야기했어요. 오히려 가장 마지막에 경험했던 것이 동전 넣는 아케이드 게임기였습니다. 제가 생각했던 게임 경험의 순서는 제 세대가 특정하게 경험한 순서였다는 점을 알았습니다.

이선
제 나이대나 저보다 조금 어린 분과 이야기했을 때, 여성의 경우 초등학교 때 했던 것이 〈슈의 라면 가게〉와 〈줌마의 고기 굽기〉 등 플래시 게임이라고 대답한 경우가 많았습니다. 그중에서 게임을 좋아했던 사람은 부모님께 CD를 사달라고 하거나, 컴퓨터 지식이 있는 경우 불법 복제를 하는 것으로 넘어갔고요. 오락실에 갔다는 이야기는 〈펌프〉를 제외하고 여성 게이머에게 듣기는 어려웠습니다.

FLASHMOB

죽어버린 게임을 소환하는 방법

태현

여기에서 젠더의 차이가 있다는 점이 흥미롭습니다. 남성인 저는 쥬니어네이버로 첫 게임을 경험하지 않았어요. 오락실에서는 〈철권 태그 토너먼트〉(Tekken Tag Tournament)가 친구들 사이에서 유행이었습니다. 저의 첫 게임은 잘 기억이 안 나는데, 열정적으로 시작했던 게임은 〈커맨드 앤 컨커〉(Command & Conquer) 시리즈였던 것이 기억납니다.

경혁

결국 접근성의 문제라고 봅니다. 유치원을 다니는 나이에 쥬니어네이버 같은 곳은 웹 브라우저에서 바로 게임을 할 수 있는 환경인 거죠. 특히 부모가 아이에게 게임을 허용하는 환경의 영향이 컸을 텐데요. 저의 아이가 어릴 때, 저는 동요 애니메이션을 자주 틀어줬습니다. 전부 플래시로 되어있었죠. 플래시 특유의 애니메이션 느낌, 그것이 쥬니어네이버의 스타일이기도 했고요. 별도의 장비나 환경을 가지지 않아도 누구나 게임의 세계에 손쉽게 들어갈 수 있었다는 점이 플래시 게임 세대의 큰 특징입니다.

FLASHMOB

죽어버린 게임을 소환하는 방법

태현님이 앞서 이야기한 〈커맨드 앤 컨커〉의 경우 "나는 게임을 하고 있다"는 자의식이 있었을 때라고 생각됩니다. 그런데 만약 플래시 게임을 즐기는 사람에게 취미가 게임인지 물어보면 "아니오"라고 할 수 있는 거죠. 이렇듯 '진정한 게임'의 범위는 굉장히 좁고, 플래시는 그것의 반대에 있습니다. 플래시 게임을 하는 사람이 자신이 게임을 하고 있다는 인식을 못할 정도로요.

〈애니팡〉

정엽

〈애니팡〉의 플래시 게임의 경우 초반에 싸이월드로 유통되었습니다. 20대 문화 중심의 공간이었는데요. 제가 대학 다니던 때에 싸이월드의 인기가 높아지고 있었습니다. 그러다가 2000년대 중반부터 플래시 게임이 점차 등장했고, 그 후 모바일 게임 시대로 가기 이전에 페이스북 게임이 있었습니다. 2010년,

FLASHMOB

죽어버린 게임을 소환하는 방법

2011년은 징가의 게임들로 대표되는 소셜 네트워크 게임의 부흥기였습니다. 플래시 게임이 소위 '진정한 게임'의 반대편에 있는 게임이라는 이경혁 선생님의 지적이 중요하다고 생각합니다. 대중이 사랑하는 게임들이 여기 다 있었던 거죠. 복잡하거나 진지해야 할 필요가 없이 바로 앉아서 파악하는데 1-2분 정도 걸리는 게임들. 〈팜빌〉, 〈프론티어빌〉(FrontierVille) 등 이런 페이스북 게임들 보면 난이도가 굉장히 낮게 시작합니다. 지금 모바일 게임의 하트 충전 시스템이나 몇 시간 뒤에 생산물을 수확해서 접속을 유도하는 것들이 모두 플래시 게임을 통해서 모바일로 이전되었던 것입니다. 그 게이머들은 우리 주변의 사람들이었던 거죠. 당시의 데이터를 보면 〈시티빌〉(CityVille)의 일별활동이용자(DAU)가 1억 2천만 명까지 올라갑니다. 페이스북 인구가 5억 정도 될 때인데, 유저의 20-30%가 그 게임을 했다는 거죠.

태현

세대와 젠더의 문제로 시작해서 '진정한 게임'과의 관계까지 왔네요. 플래시 게임은 별도의 하드웨어가 거의 필요 없으니 마케팅에도 사용이 되고, 사용자들도 스스로 게이머의 정체성을 가지지 않고 게임을 했다고

FLASHMOB

죽어버린 게임을 소환하는 방법

볼 수 있죠. 이선 님이 말씀하신 '슈 게임'처럼, 당시 캐주얼하게 플레이된 플래시 게임들이 실제로는 마케팅용 게임이지 않나요?

아이부라보 웹사이트

이선

슈의 정식 명칭은 '아바타스타 슈'에요. 해태제과에서 만든 캐릭터인데요. 주인공 캐릭터인 슈가 과자를 만드는 등의 게임이 있었죠. 당시에 아이부라보라는 해태제과에서 만든 웹사이트가 따로 있었는데, 그곳에서 게임들을 플레이하고 포인트를 쌓아서 나중에 과자로 교환할 수도 있었습니다. 저도 어린 나이에 포인트로 과자를 바꿔 먹으려는 일념으로 게임을 열심히 하기도 했는데요.

해태에서 제작했던 또 다른 유명한 게임으로 〈고향만두〉가 있습니다. R.I.P. FLASH 웹사이트

FLASHMOB

죽어버린 게임을 소환하는 방법

방명록에 고향만두 아저씨에 대한 추억이 많이 올라왔어요. "어렸을 때 고향만두 아저씨가 내가 만들었던 만두를 뱉어서 너무 슬펐지만, 아저씨를 이제 못 보게 되니 아쉽다"고 말씀하신 분도 있었어요. 게임 내용은 만두를 제조하는 과정인데요. 만두 속을 조합하고, 빚고, 불에 굽거나 찌는 간단한 구조였습니다. 어렸을 때 만두의 정확한 생산 방법을 찾기 위해 여러 번 다시 시도하면서 "진짜 고향만두를 찾아야지", "고향만두 아저씨를 웃게 만들어야지"라고 속으로 되뇌던 기억이 생생하네요. 이렇듯 해태라는 회사는 플래시 게임을 잘 활용했습니다. 20년이 지난 이후에도 이렇게 마케팅 효과가 있는 걸 보니.

태현
거의 프로파간다 아닌가요? (웃음)

경혁
게임으로 광고를 했던 사례로, 어렸을 때 즐겼던 피자 배달부 게임이 떠오릅니다. 플로피 디스크를 사용하던 시절에 외국의 한 피자 회사가 브랜드를 홍보하려고 게임을 만든 경우인데, 피자를 배달하려고 엘리베이터를 타고 총알을 피하는 내용입니다. 재미있게 했던 기억이

FLASHMOB

죽어버린 게임을 소환하는 방법

있는데, 어른이 되어 원작을 다시 살펴보니 피자를 팔 때 디스켓을 같이 보냈다고 합니다. 인터넷 시절이 아니니까요. 이러한 아이디어는 쭉 있었고 플래시의 경우 물리적 저장장치가 없어 유통이 정말 쉬웠던 거죠. 저도 직장 생활 당시 플래시 게임으로 광고를 기획한 적이 있는데요. 마케터 입장에서 좋았던 것이, 플래시 게임 광고를 하면 유저의 재방문율이 굉장히 높아집니다. 제작 단가를 보면 광고 콘텐츠 중에서는 가성비가 잘 나왔어요.

제가 가장 강렬하게 기억하는 플래시 게임은 〈홈런왕 유상철 히딩크를 구해줘〉입니다. 상업용은 아니었죠. 높은 퀄리티의 게임이 아닌데도 불구하고 굉장히 유행했고, 게임에 메시지까지 들어있었습니다.

태현
최종 보스가 조지 부시(George W. Bush)였고, 2002 월드컵의 '국뽕'과 반미 정서가 담겨 있었습니다.

경혁
유상철이 똥볼을 차서 올리면 부시가 비행기에서 떨어졌어요.

FLASHMOB

죽어버린 게임을 소환하는 방법

태현

그 비행기도 당시 시사적으로 이슈가 있었던 미국산 전투기였습니다. 플래시가 웹 문화를 만드는 데에 중요한 역할을 했다는 점이 돋보인 사례라고 생각해요. 그때는 UCC라고 불리곤 했죠. 지금은 유저 창작 문화가 유튜브로 보편화되었지만, 당시에는 플래시가 그런 문화를 가능하게 하는 토대가 되었습니다.

〈홈런왕 유상철 히딩크를 구해줘〉

이선

캐릭터의 몸과 표정을 웃기게 만들어놨던 것들이 기억에 남네요. 당시에는 제작자 크레딧이 있지만 실명 활동 이력이 잘 남지 않는 것들이 많았습니다. 그렇기 때문에 엽기 문화가 형성되었다고 생각해요.

FLASHMOB

죽어버린 게임을 소환하는 방법

플래시 게임 제작 문화의 자유로움

이선

자연스럽게 플래시 게임의 제작환경에 관해서 말해보도록 하죠.

정엽

저는 『캐주얼 게임』이라는 책을 번역하고 『인디 게임』을 썼습니다. 『인디 게임』을 쓸 때의 중점은, 플래시보다는 "유니티로 창작했던 때부터가 사실 인디 게임의 출발이다"였습니다. '게임의 민주화'라는 챕터에서 유니티라는 게임 엔진이 무료화를 선언하며 인디 게임 문화가 만들어졌다고 서술했습니다. 저도 어떻게 보면, 플래시를 완전한 플랫폼이라고 생각하지 않았던 겁니다. 여전히 플래시에 대한 기억은 초기의 아마추어적인 애니메이션이 가장 먼저 떠오릅니다. 플래시에 액션스크립트가 들어가면서 게임 제작 도구로 활용되기 시작하고, 〈아이작의 번제〉처럼 프로 게임 개발자들이 나타났지만요. 플래시 게임은 여전히 '진정한 게임' 안에 들어오지 못했던 겁니다. 저 스스로도 플래시를 평가절하하는 관점을 가지고 있었다고 할까요.

FLASHMOB

죽어버린 게임을 소환하는 방법

R.I.P FLASH 프로젝트를 계기로 자료들을 찾아보았더니, 스타 개발자들도 따지고 보면 그 뿌리가 플래시인 경우가 많았습니다. 〈슈퍼 미트 보이〉를 만든 개발자들도 그 전에 〈미트 보이〉를 만들어서 뉴그라운즈에 올렸습니다. 그들의 초기 작업을 보면, 여과되지 않은 자신의 감정을 투여해서 플래시 게임을 제작했습니다. 따지고 보면 인디 게임은 어쩌면 플래시에서부터 시작되었던 거죠. 무료 사용에, 개발 언어도 스크립트 언어를 구사할 줄 알면 어렵지 않았고요. 애니메이터들도 액션스크립트로 게임 만들기를 시도했습니다. 유통망을 별도로 생각하지 않아도 웹에 올리면 사람들이 알아서 공유해갔고요.

매끄럽게 표면을 다듬어서 게임을 불편해하거나 싫어하는 사람이 없도록 하는 것을 '하이 글로시'라고 부릅니다. 그러한 하이 글로시 게임의 반대편에 플래시 게임이 있었던 거죠. 어떻게 보면 〈슈퍼 미트 보이〉의 플래시 초기작도 표현이 훨씬 날 것에 가깝고 개인적인 부분들이 담겨있었습니다. 그 점이 흥미롭다고 생각합니다. 플래시 문화에서 있을 수 있는 것과, 플래시를 넘어서 다른 플랫폼으로 갈 때 격차가 생기는 것이요.

FLASHMOB

죽어버린 게임을 소환하는 방법

〈애니팡〉도 싸이월드에 있었을 때는 하트를 구입하는 것이 없었고 계속 공짜로 게임을 하는 구조였어요. 비즈니스 모델을 더하면서 하이 글로시가 되는 거죠. 그렇게 게임에서 하이 글로시 개념을 강화하여 끌고 올라가는 2008년, 2009년 이때가 비단 게임을 넘어서 인류 역사의 큰 전환기라고 봅니다. 문화의 범주 안에서 매일 아이디어를 내고 표현하는 것들을 시장에 가져다 팔자는 생각을 하게 되었던 거죠. 그래서 플래시가 더 소중했다는 것을 다시 한번 느꼈습니다.

〈아치와 씨팍〉

경혁

플래시 애니메이션도 마찬가지일 겁니다. 예전에 〈아치와 씨팍〉이라고 딴지일보 계통의 플래시 애니메이션의 원작을 보면 저질적인 표현이 많았단 말이죠. 그런데 어느 순간 애니메이션 영화를

FLASHMOB

죽어버린 게임을 소환하는 방법

제작했다고 해서 봤더니 제가 봤던 플래시의 감성이 아닌 겁니다. 상업화되면서 깨끗하게 깎아내고 원작의 거친 느낌을 없애 버렸어요.

태현
플래시 시절에는 게임 유통이 어떻게 됐나요? 지금은 게임을 만들면 스팀이나 앱스토어에 올리는 것이 일반적인데, 그 당시에는 어떤 플랫폼이 있었는지 궁금합니다.

정엽
스팀이 2004년에 만들어졌습니다. 그때도 소수의 플래시 게임들이 있긴 했지만, 플랫폼이 끌어 올리진 않았어요. 스팀에 올라온다는 것은 '진정한 게임'의 범주에 들어오는 것입니다. 플래시 게임들의 정식 유통처로 국내 포털을 들 수 있습니다. 주전자닷컴이나 뉴그라운즈 같은 곳에도 플래시 게임이 유통되었지만, 그것으로 수익을 냈다기보다 당시 웹 문화가 게임을 자유롭게 무료로 즐기는 쪽에 더 가까웠습니다. 수익 모델을 붙이는 순간 게임을 하지 않게 되는 반발이 있었죠. 당시에는 웹이 지금보다 훨씬 더 놀이터 같았다고 생각해요. 지금은 모든 것을 판매하려고 하고 있지만

FLASHMOB

죽어버린 게임을 소환하는 방법

과거에는 좀 더 갖고 놀고, 풍자나 조롱과 같은 미학이 더 자리 잡을 수 있었다고 봅니다.

태현
플랫폼 자본주의가 본격화되기 전에는 서브컬처를 형성하는 작은 커뮤니티나 친구와의 링크 공유, 싸이월드와 같은 방법처럼 유료 또는 상업적 맥락 바깥의 유통이 가능했던 마지막 세대에 플래시가 위치하기 때문에 이 틈을 잘 관찰해놓는 것이 필요하지 않을까라는 생각입니다.

경혁
그 당시에 MSN 메신저에서도 URL이 많이 공유되었습니다. 뿔뿔이 흩어져 인터넷을 이용하던 시기가 지나고 나서, 어느 순간 사람들이 모여있는 사이트가 느껴지기 시작하는 것입니다. 상업적 가능성은 트래픽에서 나오는 것이죠. 플래시 링크를 공유하던 것에서 플래시 포털로 발전하고, 그 포털이 커져서 플래시 게임 카테고리를 만들어가는 체계화 과정이라고 볼 수 있겠습니다.

FLASHMOB

죽어버린 게임을 소환하는 방법

플래시 게임 제작 문화를 설명할 때 대표적인 비유로 디지털카메라를 떠올릴 수 있습니다. 전문적인 인화 과정을 제거하여 누구나 카메라를 쓸 수 있게 된거죠. 디카의 사례가 하드웨어적인 변화라고 본다면, 소프트웨어의 변화도 비슷한 맥락입니다. 제가 어렸을 때인 80년대 후반에서 90년대 초반에 컴퓨터를 배우면 지금처럼 엔진이나 이런 것이 없고 파스칼(Pascal)이나 C언어처럼 낮은 레벨의 언어로 맨땅에 헤딩하면서 만들었던 상황이었습니다. 2000년대에 와서 플래시의 액션스크립트를 보고 처음에 너무 편하다고 생각했어요. 누구나 제작이 가능해졌습니다.

그런데 여기에서 중요한 점은, 플래시와 같은 제작 프로그램들이 불법 복제로 유통되었다는 것입니다. 당시에 나우누리 같은 데에서 포토샵 설치 파일을 "사진파는가게 5.0"로 이름붙여 불법 복제 파일을 유포했죠. 해적의 뿌리에서 시작해서 제작하다 보니까 게임을 팔기도 어려운 겁니다. 언더그라운드에서 만들고 제작과정에서 돈이 들어간 것도 아니니까 돈 받고 팔지도 않겠다는 마인드였던 시대. 그 시대를 보내고 상업성을 생각한 사람이 폴리싱하고 라이센싱하며 상업의 반열에 올라가는 거죠. '해적성'이라고 표현한 소프트웨어의

FLASHMOB

죽어버린 게임을 소환하는 방법

불법 복제는 언더그라운드 음악에서 샘플링하는 것과 비슷합니다. 그런 맥락에서 플래시 문화도 해적까지는 아니더라도 '만주 벌판의 개장수' 정도로 비유할 수 있을 것 같아요. (웃음) 플래시 다음에 오는 유니티와 같은 게임 엔진의 시대에는 상업적 플랫폼으로 정리가 되었습니다.

태현

저도 그 지점을 포착한 것이, 플래시 게임의 개별 URL을 주고받다가 나중에는 플래시 포털인 뉴그라운즈의 링크를 받게 되었어요. 뉴그라운즈에 들어가보면 플래시 게임인데 퀄리티가 굉장히 좋은 것들이 많았죠. 그 웹사이트를 처음 발견했을 때, 마치 노다지를 발견한 듯한 감각이 있었어요.

이선

유니티 이야기를 자연스럽게 해주신 것이 흥미롭습니다. 플래시 사양세에 접어드는 2010년대 중반쯤에 플래시 개발자들이 갈 곳을 잃었을 때 차세대 엔진인 유니티로 많이들 이주했습니다. 플래시와 비슷한 제작 구조를 가지고 있었던 유니티는 자바스크립트 사용도 지원했고요.

FLASHMOB

죽어버린 게임을 소환하는 방법

정엽

맞습니다. 유니티의 이야기를 좀 더 하자면, 유니티는 매년 엔진이 업데이트되고 있습니다. 그러다 보니 과거 버전의 유니티로 만들었던 게임을 엔진에서 구동하기 어려워지는 문제가 발생하게 됩니다. 현재의 유니티 버전에 맞게 수정을 해야 하는데요. 그것을 따르지 않는 개발자들을 유니티가 도태시키고 있다고도 느껴집니다. 엔진이 강행하는 표준화로 볼 수 있습니다. 플래시도 마찬가지로, 액션스크립트 2.0에서 3.0으로 넘어가면서 구조가 완전히 변했고 스크립팅 기법을 새로 배워야 했던 배경이 있었습니다. 3.0에서 많이 복잡해졌어요. 어도비 측은 이런 문제를 보고 사용자들을 지원하는 방향으로 갔다기보다는, 자신이 원하는 방향으로 가기 위해 강압적으로 표준화를 주도했던 경향이 있었던 것 같습니다. 특히 2000년대 후반에 애플과 플래시가 사이가 안 좋았기도 했고. 역으로 회사를 부각시킬 수 있는 플래시의 언더그라운드적인 면을 어도비가 다 버린 것이죠. 대신에 애니메이트 CC를 출시했던 것을 보면 대기업의 속성에 맞게 플랫폼 자본주의처럼 프로그램들을 개량하고 있다고 봅니다.

FLASHMOB

죽어버린 게임을 소환하는 방법

정작 중요한 것은 그 때의 버전마다 남아있었던 사람들의 표현이나 문화나 이런 것들인데 보존은 거의 이루어지지 않고 있죠. 어도비가 아닌 사용자 커뮤니티가 아카이빙을 도맡아 하고 있습니다. 대기업은 자기들의 이익을 극대화하는 방향으로 향해 나가는데, 그 밑에 게임과 애니메이션을 만들며 즐겁게 놀았던 사람들은 보존을 걱정하며 이야기하고 있습니다. 제일 슬펐던 부분이, 아카이빙을 해놨더라도 결국 죽거든요. 케냐에 커다란 사파리를 만들어놓고 멸종동물 보호를 했다고 말하는 것과 비슷하다는 생각이 드는 겁니다. 그 언더그라운드의 펄펄 뛰는 감성 같은 것을 퍼다 나를 수 있는 개방된 플랫폼이 필요하다고 생각이 드는데, 그런 점에서 어도비에 굉장히 원망이 들었습니다.

경혁

사실 완벽한 보존은 어렵다고 봅니다. 1980년대의 "몇 페이지로 가세요" 라는 구조의 어드벤처 북들의 실물을 구해서 보존한다고 해서 동네 친구들이 다 같이 모여서 보던 느낌까지 보존되진 않아요. 온라인에 게임을 보존할 때 그 당시 같이 플레이하던 사람들까지 보존되진 않는 것처럼, 게임의 형태만 남는 것은 아닐지.

FLASHMOB

죽어버린 게임을 소환하는 방법

그래도 가능성은 여전한 것이, 이제 어도비의 프리미어 정품을 사용하면서 음악과 영상을 리믹스하는 사람들이 또 있거든요. 〈야인시대〉 밈을 가져다 놓고 온갖 영상을 제작하는데, 그 맥락이 아직도 살아있다고 봐요. 수익을 위해서 만들기보다는 즐거움이 우선이겠죠. 여전히 뭔가 쓸데없지만 재미있는 것을 만드는 사람들은 명맥을 이어 존재해오고 있다고 생각합니다.

태현

서브컬처의 힘은 유지 되겠지만, 우려가 되는 점은 그런 것들이 예전에는 상업적으로 매개되지 않았는데 지금은 유튜브로 매개되면서 광고를 통해 수익을 창출하는 구조로 바뀌었다는 거죠. 정말로 쓸데없었던 제도 바깥의 실천들 조차도 이제는 상업적 가능성을 배태한 상태에서 만들어진다는 것이 최근 웹 문화의 큰 문제라고 생각합니다. 가장 이상하고, 가장 이해할 수 없고, 엽기적인 것들마저 상업적인 행동이 되어버리는 거죠. 그것의 수요자들이 있고, 그것에는 그만큼의 트래픽과 광고 수익이 뒤따르니까요.

FLASHMOB

죽어버린 게임을 소환하는 방법

죽어버린 게임을 소환하는 방법

이선

보존의 이야기를 더 해보면 좋을 것 같은데요. 과거 1970-1980년대의 게임이 자신의 플랫폼을 잃어버렸을 때 어떻게 보존되고 있는지 궁금합니다.

정엽

국가마다 맥락이 다르다고 생각합니다. 한국은 콘솔 게임이 그동안의 역사에서 차지하는 비중이 크지 않습니다. 재믹스나 슈퍼 패미콤 시절이 있긴 하지만, 그 콘솔이 한 번도 주류로 올라가진 못했던 것에 반해 유럽이나 북미는 콘솔이 항상 주류 게임군에 올라와있어서 게임 플랫폼이 사라졌을 때 에뮬레이터를 만드는 일들이 큰 비중을 차지하고 있습니다.

예전에 중국 여행을 갔을 때 이야기인데요. 중국은 신용카드 사용률이 굉장히 낮아요. 그런데 지금은 알리페이 사용률이 높습니다. 알리페이 사용률이 높아질 수 있었던 이유에는 원래 사람들이 신용카드를 쓰지 않았기 때문에 현금에서 바로 알리페이로 이동할 수 있었다고 분석합니다. 그런 의미에서 한국에서 플래시가 파급력이 컸던 이유가, 콘솔 게임 유저 비중이 작았기

FLASHMOB

죽어버린 게임을 소환하는 방법

때문에 플래시의 흡수력이 상대적으로 높아지지 않았나 생각해볼 수 있죠.

지금도 보면, 게임을 즐겼던 세대에 따라 경험이 다른데, 저와 이경혁 선생님의 경우는 어렸을 때부터 게임기를 접했던 특이한, 운이 좋았던 케이스인 것 같고요. 저희 세대 중에서 자신의 게임기가 없었던 사람이 처음 게임을 접하게 된 것은 1997년도 〈스타크래프트〉 붐입니다. 같은 PC 플랫폼의 영역에서 〈스타크래프트〉와 플래시는 어느 정도 연속선 상에 있다고 봅니다. 그 당시의 인터넷 보급으로 대부분의 사람이 인터넷을 접하고 게임을 즐기게 되는 거죠. 한국의 역사에서 콘솔의 시대가 거의 없었기에 그러한 문화들이 이식되었을 때 오히려 흡수가 빨랐다고 할 수 있습니다.

　　태현
저는 학교 컴퓨터 시간 때 플래시를 배운 기억이 있어요. 간단한 애니메이션을 만드는 구조를 배웠습니다. 컴퓨터 선생님이 조금 특별했던 것 같기는 한데, 정규 교육 과정에서 다루어질만큼 보편적인 툴이었다는 거죠.

FLASHMOB

죽어버린 게임을 소환하는 방법

이선
저도 어렸을 때 컴퓨터 학원에서 배웠던 기억이 나는데, 대전 엑스포 꿈돌이로 모션 만들기였어요. 그것이 플래시인지 정확히 기억이 나진 않지만, 플래시였을 확률이 커요.

경혁
저희는 공교육에서 컴퓨터 과목 자체가 아예 없었어요. (웃음)

정엽
학교 컴퓨터는 선생님의 전유물이었고 학생용 컴퓨터는 한 대에 5명이 다닥다닥 붙어서 타자 연습하던 시절이었습니다. 그것도 좋은 학교의 경우에 만요.

태현
1990년대생들의 게임 경험을 이야기하면 컴퓨터실에서 몰래 게임하기가 꽤나 보편적입니다. 저도 정말 즐거운 추억으로 가지고 있고요.

FLASHMOB

죽어버린 게임을 소환하는 방법

이선
서른 대 이상의 컴퓨터가 설치된 컴퓨터실 공간이 생겼고 선생님 '몰래' 게임을 했다는 것이 중요한데요. 인터넷으로 플래시 게임을 하면 흔적이 남지 않아서 선생님에게 들키지 않을 수 있었죠.

정엽
애플 컴퓨터에서 한글을 쓰게 만드는 명령어가 "call 1100"입니다. 아직도 기억이 나는데, 그때 선생님이 그 명령어를 쳐서 화면에 한글이 뜨니까 학생들이 모두 박수쳤던 기억이 있습니다. (웃음) 초등학교 3학년 때인가.

태현
컴퓨터에서 한글을 쓸 수 있다는 것이 경이로웠던 시절이군요.

정엽
초기 애플 컴퓨터는 한글 카드가 없었습니다.

경혁
컴퓨터실에서 몰래 게임하기의 기억은, 결국 컴퓨터들이 네트워크에 물려있다는 전제가 있습니다. 이정엽

FLASHMOB

죽어버린 게임을 소환하는 방법

선생님의 경험담은 네트워크가 없는 시절이죠. 심지어 저장 장치가 없던 경우도 많았습니다. 그 당시에 컴퓨터로 게임을 한다는 것은 소수의 경험입니다. 제가 대학교 1학년 때 수강 신청을 펀칭 카드로 했습니다. 새벽부터 줄을 섰죠. 그 당시에 교수님들이 리포트를 출력해서 내라고 하면, 애들이 "출력이 뭐예요?"라고 물어봤어요. 컴퓨터가 나온 뒤 손으로 쓴 과제를 타자 빠른 친구에게 주면서 밥 한 번 사주는 문화도 있었습니다. 초창기 컴퓨터 사용자들이 비트 계산법도 알아야 하던 시절이었다면 지금은 그걸 몰라도 누구나 콘텐츠를 제작하게 된 시대에서 플래시는 중간자적 입장으로 꽂혀있습니다.

이선
이번에 플래시 연대기를 작성했을 때, 〈우비 소년〉, 〈졸라맨〉, 〈마시마로〉가 등장했던 2000년 무렵이었습니다. 그 당시의 다른 인터넷 역사를 보니 〈스타크래프트〉가 있더군요. 한국에서 PC의 대중적 사용이 폭발적으로 증가했다는 점과 함께 인터넷의 보급을 빼놓을 수 없었습니다.

FLASHMOB

죽어버린 게임을 소환하는 방법

정엽

아카이빙 이야기로 다시 돌아가자면, 플래시 콘텐츠를 보존하는 것이 중요하지만 플래시 주변의 조건들을 보존하지 않고 콘텐츠만 따로 빼서 아카이빙하는 방식은 다소 한계가 있을 수밖에 없습니다.

태현

구체적인 물질을 가진 것이 아니라면 어떻게 아카이브 할 수 있을까요? 문화라는 것을.

정엽

최근 〈바람의 나라〉를 보존하는 과정에 대해 발표를 했는데, 발표 제목이 "존재하지 않는 것을 어떻게 연구할 것인가?" 였습니다. 1996년에 처음 만들어졌던 〈바람의 나라〉는 이제 존재하지 않는다고 생각합니다. 업데이트 횟수가 여태까지 총 1,700회라고 하니, 그 당시의 리소스들이 다 사라지면서 이미 다른 게임이 된 거죠. 이번에 모바일 버전 〈바람의 나라: 연〉이 다시 만들어지면서 그 당시의 컨셉을 가져오긴 했지만, 게임의 복원은 결국 당시의 유저들을 다시 끌어오는 것이 중요하다고 봅니다.

FLASHMOB

죽어버린 게임을 소환하는 방법

〈월드 오브 워크래프트 클래식〉(이하 와우 클래식)과 같은 형태가 새로운 형태의 복원이지 않나 생각합니다. 서버를 다시 한번 꾸려서, 당시의 맥락을 최대한 살리고 유저들을 모아서 복원하는 것인데요. 플래시는 비교적 간단할 것이라 봅니다. 운영체제와 브라우저를 그 당시의 것으로 복원해놓는 것이죠. R.I.P. FLASH 웹사이트가 윈도우 95의 컨셉을 잡은 것처럼요. 아, 그러고 보니 플래시는 윈도우 2000이나 윈도우 ME의 시대이지 않나. 95는 너무 뒤로 간 것이 아닌가요?

이선

웹사이트의 경우 플래시가 처음 탄생했던 95년, 96년을 웹사이트를 제작하던 당시 상상해서 인터페이스를 제작했고, 이후에 "플래시가 활발하게 소비되었던 것은 2000년대 아닌가"라고 이야기가 나와 월페이퍼는 윈도우 XP의 기본 배경화면에서 가져왔습니다.

태현

의도적인 혼종입니다. 배경화면은 윈도우 XP에서 가져오고, 인터페이스는 윈도우 95에서 가져왔습니다. 그나저나 와우 클래식의 방법이 흥미롭네요. 예전 버전의 코드를 그대로 가져오는 것이 아닌, 일종의

FLASHMOB

죽어버린 게임을 소환하는 방법

리마스터에 가깝지만, 유저들이 게임을 다시 하면서 당시의 기억을 가지고 올 수 있도록 플랫폼을 재가동한 것이오. 과거로 그대로 돌아가는 것이 아니라, 현재에 과거를 불러오는 실천으로 보입니다. 기억이라는 것은 과거의 것이라기보다 항상 현재의 것이죠. 그렇기에 변증법적이고요. 과거의 기억을 가진 사람들이 그 기억을 반복할 수 있도록 하고, 그 반복에서 동일한 것보다 달라진 것이 감각된다는 점이 아주 흥미롭습니다.

정엽
와우 클래식에서 유저들 또한 뒤섞였습니다. 물론 과거 와우를 했던 사람들이 많이 복귀했지만, 그 게임을 해본 적이 없던 사람들 또는 최근의 와우는 해봤지만, 과거의 와우 클래식은 경험해본 적 없었던 사람들까지 참여하는 것이 흥미로운 겁니다. 아카이브라는 것은 당연히 현재성을 가져야 하는 것이죠. 이것을 플래시의 아카이브와 연결 지어서, 개별 플래시 콘텐츠를 모으기만 하는 것을 넘어 당대의 주변 맥락과 사건으로 어떠한 것들이 있었는지 함께 봐야 한다고 생각합니다. PC통신 끝날 무렵 시작된 인터넷의 시대, 그 시대의 서브컬처로 디시인사이드 같은 것들이 만들어진 시대적 맥락까지요.

FLASHMOB

죽어버린 게임을 소환하는 방법

이선

오늘 이야기에서 와우 클래식 이야기가 나올 것이라는 점은 예상하지 못했습니다. 우리가 아카이빙이라고 했을 때, 파일의 보존 혹은 최근의 기술에 맞는 마이그레이션만 생각했는데 제3의 방법이 있었네요. 리마스터란 그것을 만든 사람이 스스로 행하는 것입니다. 제3의 인물이 서드파티의 성격으로 에뮬레이터를 만들어내는 것과는 다르게 당사자가 스스로 죽은 게임을 부활시키는 방식이네요.

이와 관련해서 저는 왜 어도비나 콘텐츠 제작사들이 플래시 콘텐츠의 복원을 책임지지 않는지 궁금했습니다. 이용자들만 이렇게 아쉬워하고요. 플래시에서는 와우 클래식의 경우를 영영 볼 수 없는 걸까요?

경혁

여담이지만 비슷한 형태로 온라인 게임의 사설 프리서버가 있습니다. 〈리니지〉의 경우 특정 버전을 계속 고정해서 이용자들이 자체적으로 서버를 돌리고 있는데요. 그 당시에 게임을 향유했던 사람들이 스스로 문화를 남기려는 시도를 실천하는 것이죠.

FLASHMOB

죽어버린 게임을 소환하는 방법

태현
고등학교 때 친구들과 〈라그나로크〉 프리서버를 운영했던 기억이 있어요. 학교에서 컴퓨터 좀 한다는 친구들이 모여 서버를 운영했었거든요.

이선
프리서버란 것이 사실 불법이죠.

태현
그러니까 진정한 해적이죠. (웃음)

정엽
온라인 게임의 아카이빙이 어려운 것이, 저작권을 가진 회사가 일정 부분 저작권을 포기해야 해요. 수입도 포기하고 마치 하나의 공원처럼 접근 권한을 풀겠다고 하는 건데요. 완전 서비스가 종료된 게임의 경우 저작권이 막 흩어집니다. 와우 클래식 같은 경우는 회사 차원에서 관리가 잘 되어있어서 권위가 있는 테마파크가 만들어진 케이스라고 볼 수 있습니다.

FLASHMOB

죽어버린 게임을 소환하는 방법

경혁

저도 과거에 와우의 헤비 유저였는데, 클래식 버전을 다시 해보니 내가 했던 게임이 아니라는 느낌을 받았습니다. 그 당시에는 공략이 정말 복잡하고 어렵고 하드코어 했는데, 지금은 쉽게 느껴졌습니다. 게임은 그대로고 20년 동안 제 자신이 달라진 거예요. 아카이빙 한다고 해서 사람들이 그대로 복원되는 것이 아니라 바뀌어있다는 것. 그래서 지나간 이야기들을 채록하는 것이 중요하고요.

이선

완벽한 아카이빙이란 될 수 없다는 결론이 도출되네요. 왜냐하면 당시의 사람들까지 박제할 수 없을뿐더러 그 당시 구동되었던 환경도 함께 보존하기 어렵기 때문에요.

경혁

물적인 보존 이상으로 필요한 것은, 그 당시의 사람들이 어떠했다는 해석과 그 해석 자체를 받아들이는 작업이라 봅니다. 그래서 장례식이라는 것도 플래시를 기억하기 위한 정말 좋은 접근법이라고 생각합니다.

FLASHMOB

죽어버린 게임을 소환하는 방법

태현

추가로 궁금증이 떠오릅니다. 코드도 하나의 언어잖아요. 언어라는 것은 사회의 사유 방식이고. 과거의 코드를 그대로 아카이브 할 때, 당대의 하드웨어적 환경과 특정한 컴퓨터 언어로 알고리즘을 짜는 프로그래머의 사유 방식이 최종적인 콘텐츠에 어떤 영향을 주었는지 살펴볼 수 있는 것일까요?

정엽

한국에서는 많이 연구하지 않지만, 미국에서는 그러한 기술 중심의 '플랫폼 스터디즈'(platform studies)가 이루어지고 있습니다. 대표적으로 〈팩맨〉은 아케이드에서 처음 나왔지만 이후 아타리 2600 콘솔 기기로 이식되었는데요. 이식된 버전은 퀄리티가 많이 떨어집니다. 왜 그렇게 되었는지 보면, 당시에 기계에서 한 번에 움직일 수 있는 스프라이트(sprite)가 아타리 2600은 최대 2개였습니다. 하지만 팩맨에서 움직이는 오브젝트는 몬스터 4마리, 팩맨 1개를 포함해 최소 5개가 있어야 합니다. 그 당시의 아케이드 게임기는 8개까지 움직일 수 있었단 말이죠. 아타리 2600은 이 문제를 기술적으로 해결합니다. 스프라이트 한 개는 팩맨에 할당하고, 나머지 하나는 몬스터들을 하나의

FLASHMOB

죽어버린 게임을 소환하는 방법

덩어리로 합쳐서 처리합니다. 그러다 보니까 퀄리티가 조금 떨어지거든요. 이와 같은 분석들이 *Racing the Beam*이라는 책에서 다뤄진 때가 2009년입니다.

이를 위해 미국의 더 스트롱 뮤지엄(The Strong Museum)에서는 오리지널 코드를 다 저장하고 있습니다. 심지어 코드를 저장하는 환경까지도 저장을 합니다. 유니티도 버전 별로 다 아카이빙을 하는 것으로 알고 있습니다. 예를 들면 베이직(Basic)이라는 언어가 있다고 하면, 그 언어를 디스켓에 분류해놓고, 코드를 재현할 수 있도록 대부분의 소프트웨어와 하드웨어 환경까지 저장합니다. 스트롱 뮤지엄은 아타리 2600 기계를 하나만 가지고 있는 것이 아니라 다양한 버전들을 다 수집해두거든요. 그러한 노력이 뒷받침되면 좋죠. 저는 코드란 언어고, 생각의 산물이라고 봐서 보존되어야 한다고 생각합니다.

　이선
플래시의 경우 당시의 브라우저까지 같이 아카이빙이 되어야한다고 봅니다. 인터넷 익스플로러와 같은 환경에 대한 조건까지 저장되어야 이후에 이것을 온전하게 이해할 수 있을 겁니다.

FLASHMOB

죽어버린 게임을 소환하는 방법

태현
아카이브에 레이어가 있다는 점이 흥미롭습니다. 코드와 그 코드를 읽어내는 플랫폼의 버전, 하드웨어와 그 하드웨어가 연결되어 있는 환경까지 말이죠.

이선
굉장히 흥미로운 이야기가 오갔네요. 더 이야기 나누고 싶지만, 오늘 토크는 이정도에서 마무리 지으면 좋을 것 같습니다. 앞으로 더 많은 이야기를 나눌 수 있을 것 같아요. 12월 31일 한 해의 마지막날에 가족과 시간을 보내셔야 하는데 귀중한 시간 내어주셔서 감사드립니다.

패널 소개

ⓘ
이경혁
게임칼럼니스트이자 문화연구자. 80년대에 처음 애플II로 컴퓨터를 접한 뒤 오랫동안 프로그래머의 꿈을 꾸었으나 문과로 진학하면서 다른 길을 걸었고, 15년간의 직장인 생활을 거친 뒤 연구자의

FLASHMOB

죽어버린 게임을 소환하는 방법

삶을 살고 있다. 컴퓨터를 미디어로 활용하는 여러 사례들을 즐기며 살아왔다.

이정엽

게임디자이너 겸 게임학자. 현재 순천향대학교 한국문화콘텐츠학과 교수로 재직 중이다. 시리아 난민의 삶을 다룬 〈21 데이즈〉 외 다양한 인디 게임을 디자인해왔다. 인디 게임 생태계의 다양성을 위해 부산인디커넥트 페스티벌을 조직하고 심사위원장을 역임했다. 저서로 『인디 게임』, 『디지털 게임, 상상력의 새로운 영토』 등이 있으며, 공저로는 『디지털 스토리텔링』, 『4차산업혁명이라는 거짓말』, 『게임의 이론』, 『81년생 마리오』 등이 있다.

FLASHMOB

소프트웨어의 피라미드

소프트웨어의 피라미드
→ 곽영빈,
양아치,
이수연, R.I.P.
FLASH팀
(권태현, 박이선)

FLASHMOB

소프트웨어의 피라미드

2021.1.12 플래시 서비스 차단 당일

태현
지난 12월 31일부터 어도비에서 플래시에 대한 지원을 종료했고 짧은 유예 기간을 거쳐 바로 오늘, 1월 12일부로 이제 인터넷에서 플래시로 만든 콘텐츠들은 작동을 멈췄습니다. 플래시가 인터넷 세계에서 정말로 없어져버린 것이죠. 그래서 오늘 이렇게 모여 기술의 죽음, 그리고 죽음 이후에 대한 이야기를 나누어보려고 합니다.

어떤 기술이 없어지는 문제에서 출발하는 이야기는 다른 기술로 이전하는 마이그레이션(migration)이나 기능을 멈추면서 역사적인 것으로 판단되어 박물관에 소장되는 문제에 이르기까지 다양하게 뻗어 나갈 수 있다고 생각합니다. 특히 최근 미술계에서는 백남준 〈다다익선〉의 고장을 통해서 기술의 죽음에 대한 논의가 심도 있게 진행되고 있기에 그것과 연계해서 이야기할 수 있는 것도 많을 것입니다. 물론, 〈다다익선〉은 CRT모니터라는 하드웨어 문제이고 플래시는 소프트웨어라는 점에서 크게 다른 점도 있지만, 오히려 그런 차이를 통해서 새로운 고민 지점이 열리는 것 같기도 해요.

FLASHMOB

소프트웨어의 피라미드

양아치
플래시가 사라지는 것이 좋다 나쁘다 이야기할 수는 없을 것입니다. 플래시가 없어지면서 오히려 그동안 발굴되지 않았던 어떤 가치가 드러나지 않을까 생각해요. 죽음을 통해서 발굴되는 것들에 관해 이야기해봤으면 좋겠어요. 본격적인 논의를 시작하기 전에, 다들 플래시를 어떻게 처음 경험했는지 각자의 이야기를 듣고 싶어요.

태현
세대론을 꺼내고 싶진 않지만, 이런 주제에선 피하기 어려울 것 같네요. (웃음) 이번 프로젝트를 기획한 저와 이선 님은 1990년생입니다. 저희가 인터넷을 주체적으로 사용할 수 있게 된 때는 이미 플래시가 보편화되고 있던 시기였어요. 저의 어린 시절에 플래시는 인터넷에서 공짜로 게임을 할 수 있게 만들어주는 존재였습니다. 플래시 게임을 하면서 인터넷의 재미를 알게 되었다고 생각하기도 해요. 그래서 플래시에 대한 애착이 각별한 것 같기도 하고요.

이선
아주 어렸을 때는 저희 세대도 모뎀을 사용했었죠. 초등학교에 입학할 즈음에 인터넷이 보급되었고, 그때

FLASHMOB

소프트웨어의 피라미드

집마다 PC를 보유하는 것이 유행했어요. 공립 학교들이 대형 컴퓨터실을 갖추기 시작했고, 정규 과목에 컴퓨터 시간도 생겼어요. 그런 조건 속에서 플래시 붐이 일었죠. 새로운 문화를 가장 빠르게 흡수할 학창 시절에 플래시를 접했기 때문에, 플래시 게임이나 애니메이션 같은 것들에 대한 기억이 선명하게 남아 있습니다.

수연

제가 컴퓨터를 본격적으로 가지고 놀게 된 것은 대학생 때였어요. 모뎀 시절이었죠. 저도 나중에 쥬니어네이버 같은 사이트에 접속해 놀기도 했지만, 사실 제 나이에 어울리지 않게 즐겼던 것이에요. (웃음) 〈졸라맨〉 같은 플래시 애니메이션을 봤던 기억이 나는데, 그냥 움직인다는 사실만으로도 흥미로웠습니다. 그리고 그런 콘텐츠들은 굉장히 아마추어적으로 제작이 되었잖아요. 가장 중요하게 기억에 남아있는 것은 플래시 콘텐츠에 사람들이 반응하는 과정 자체였습니다. 당시 인터넷 문화 전반에 소위 엽기 코드 같은 것이 있었고, 그런 문화를 공유하던 오인용 시리즈나 〈마시마로〉 같은 플래시 애니메이션의 영향이 당시 아이들의 일상적인 대화에도 드러나곤 했어요. 인간 간의 상호작용의 많은 부분이 플래시 콘텐츠를 통해서 도입되었던 것이죠.

FLASHMOB

소프트웨어의 피라미드

양아치
제가 어렸을 때는 플래시가 없었어요. 저는 사실 컴퓨터도 별로 좋아하지 않는 사람이었고, 컴퓨터로 작업을 한다는 것은 생각조차도 못 했던 사람이에요.

태현
지금 돌아보면 정말 의외인데요. (웃음)

양아치
그렇죠. 그런데 어떤 계기가 있었습니다. 제가 한국에서 대학을 졸업하고 미국에 갔을 때 지냈던 지역이 보스턴이었어요. 미 동부에서는 한창 IT 붐이 일고 있었죠. MIT와 하버드를 중심으로하는 당시 미국 젊은이들의 인터넷 문화를 흥미롭게 지켜볼 수 있었습니다. 저에게 인터넷 문화가 흥미로웠던 것은 컴퓨터를 통해서 사람들의 문화가 다시 편집되고 있는 것처럼 보였기 때문이에요. 그래서 컴퓨터 사이언스 과목들을 청강하기 시작했어요. 심지어 그때는 메모장 프로그램으로 코딩을 하던 시절이거든요. 그렇게 HTML, PHP, 자바스크립트, MySQL 등을 다루기 시작했는데, 그걸로 사이트도 만들고 간단한 개발을 하기도 했죠. 그러다가 IMF 사태가 터지고 한국에 다시 돌아왔더니,

FLASHMOB

소프트웨어의 피라미드

서울의 분위기가 완전히 달라져 있었어요. 서울의 새로운 미술 그리고 새로운 미학의 출발지가 웹이 될 수 있다고 믿는 젊은이들이 많았어요.

그 당시에 서울의 분위기가 기억나는데, 특히 일주아트센터나 아트센터나비 같은 곳에서 했던 특강들이 아직도 인상 깊게 남아있어요. 일주아트센터에서 액션스크립트 강의를 열면 거의 200여 명의 예술가가 그것을 배우겠다고 모여들었습니다. 지금은 서울대 디자인과 교수인 김수정이라는 분이 그때 예술가들을 대상으로 액션스크립트 강의를 많이 했어요. 아시다시피 액션스크립트는 플래시로 무언가 만들 때 필요한 기술이기도 합니다. 플래시에 대한 제 기억은 특정한 콘텐츠보다는, 이런 분위기로 남아있네요.

죽음을 통해 드러나는 것

영빈
오늘 이야기를 준비하는 과정에서 R.I.P. FLASH 웹사이트에 올라와 있는 글들, 그리고 제가 썼던 논문 중에서 관련한 내용을 다뤘던 것들을 다시 읽어보았어요. '〈졸라맨〉이 2000년에 나온 거였어?' 하면서 과거 시제로 돌아보게 되더라고요. 그런데

FLASHMOB

소프트웨어의 피라미드

R.I.P. FLASH 프로젝트에서 파생된 글들에서 제게 흥미로웠던 것은 대부분의 필자가 인터넷 브라우저에 플래시가 서비스 종료된다는 '공고문'이 떴다는 사실을 공통적으로 짚고 있다는 점이었습니다. 플래시처럼 이것은 어느 시점부터 '과거'가 될 것이라고 '공지'되는 경우도 있지만, 사실 더 많은 경우는 그 대상이 '과거'가 되었다는 사실이나 과정이 감지되지 않고 자연스럽게 넘어가는 경우가 대부분이잖아요. 저는 이 차이점이 중요하다고 생각합니다.

제가 「〈다다익선〉의 오래된 미래: 쓸모없는 뉴미디어의 '시차적 당대성'」 논문을 통해 나름대로 짚어내려고 했던 것 중 하나는, '기계도 나이를 먹는다'는 인식을 통해 인공(성)과 자연(성)의 도식적인 구분이 어떤 의미에서 무화된다는 것이었고, 이를 통해 제도적 차원과 이론적 차원 모두에서 매체 자체의 장을 다시 돌아볼 수도 있겠다는 가능성이었어요. 그런 관점에서 플래시의 죽음이 '공지'되었다는 사실은 보기보다 시사적이라고 생각합니다. 다시 말하지만 자연적으로 퇴화하거나, 시장에서 밀려나 서서히 없어지거나, 사람들의 개별적인 조치로 없어지는 것이 아니라, '공공적으로' 무언가를 '준비' 해야 하는 상황이 된 것이죠.

FLASHMOB

소프트웨어의 피라미드

태현

맞아요. CD나 CRT 모니터 같은 기술들은 시장에서 자연스럽게 도태되면서 없어지고, 부지불식간에 생산이 종료되곤 했죠. 신형 맥북에 CD 플레이어가 없어지면서 그것이 정말 끝났다는 것을 알게 되는 식으로 감각되었달까요. 그렇다고 해도 "이제부터 CD를 쓰실 수 없습니다"라고 공지하는 경우는 없잖아요. 플래시의 경우에는 그것이 소프트웨어, 심지어 콘텐츠를 제작하고 재생하는 플랫폼으로서의 성격이 강했기 때문에 생기는 문제도 있다고 생각합니다.

양아치

사실 플래시의 액션스크립트 기능 같은 것들은 HTML3, 4, 5를 거치면서 이미 대부분 수용이 됐잖아요. 그렇다면, 기술적으로는 아무런 문제가 없단 말이에요. 대체 언어가 이미 있으니까요. 그렇다면 사실 죽은 것은 기술이 아니라, 플래시라는 브랜드뿐일 수도 있어요. 전 세계적으로 사물인터넷까지 포함하는 네트워크를 만들기 위해서는 기술 표준이나 공통의 언어를 만드는 일이 점점 더 중요해질 것인데, 그 과정에서 정리 작업을 하는 것이라는 생각이 들어요.

FLASHMOB

소프트웨어의 피라미드

수연
플래시가 사라진다는 건 말씀하신 대로 기술 표준의 관점에서 플래시가 힘이 없어졌기 때문이겠죠. 보안 문제 등 다양한 이유가 있겠지만, 기술이 사라지는 건 단순히 효용의 문제만은 아니니까요. 그런데, 플래시가 없어지는 것 자체가 이렇게 이야기된다는 사실이 플래시가 가지고 있었던 힘과 그것의 의미를 잘 보여준다고 생각하기도 합니다.

태현
특정 제품이나 프로그램이 없어진다고 해도 그것의 기능 자체가 없어져 버리는 것은 아니죠. 다른 기술로 승계가 되곤 합니다. 백남준의 사례로 이야기하면, 그의 작업에 필요했던 것은 특정한 CRT 모니터가 아니라, 단지 움직이는 이미지가 나오는 장치였을지도 몰라요. 당시에는 CRT 모니터가 가장 적합한 장치였겠죠. 오늘날 우리가 쓰고 있는 LED 디스플레이 장치들은 기술적 우위를 가지고 산업에서 CRT 모니터를 완전히 대체한 것입니다. 그런데 문제는 기술적 우위를 떠나서 LED와 CRT 장치가 전혀 다른 각자의 특성이 있다는 점이에요. 단적으로 LED 장치는 CRT보다 측면에서는 화면이 잘 보이지 않는 차이가 있죠. 나아가 만약

FLASHMOB

소프트웨어의 피라미드

이것이 역사적 가치를 인정받아 보존되는 물건이라면 더 복잡해집니다. 기능의 문제가 아니라 그 물질적 원형 자체가 중요하게 생각되기 때문이죠.

양아치
그런 문제는 미술사라는 기반을 두고 봤을 때의 문제예요. 기술사나 문화사적으로 봤을 때는 그렇게 큰 문제가 되지 않거든요. 미술사라는 관념 안에서 백남준의 작업을 마치 고전적인 조각 작품처럼 보고 있는 것이죠. 그런 관점은 오히려 백남준을 하드웨어적, 소프트웨어적 굴레에 가두어 놓고 있는 것이 아닌가 생각해요. 이런 문제는 애초에 소장이라는 개념으로는 풀리지 않는다고 봅니다. 그래서 저는 소장이라는 개념을 아예 바꾸는 방향의 이야기를 하고 싶어요. 무엇이든 원래 그 상태로 보존한다는 것은 애초에 불가능한 일입니다.

수연
관련하여 생각나는 일이 있습니다. 유학을 떠나기 전에 미술관에서 노재운 작가의 작업을 소장하면서 일종의 실험을 했었습니다. 소장 과정에서 작가님에게 엄청나게 긴 질문지를 만들어 보냈죠. 작업을 만든 입장에서 그것이 고장 나거나, 지금 플래시처럼 기술적인 기반이 없어져

FLASHMOB

소프트웨어의 피라미드

버렸을 때를 대비한 다양한 질문들이었어요. 생각해보면 예술가들도 자신이 만든 작품이 처할 미래에 대해 생각할 기회가 잘 없더라고요. 어떤 것이든 결국 고장이 나고, 사라져 버릴 것인데 말이죠. 스티븐 잭슨(Steven J. Jackson)의 *Rethinking Repair*라는 텍스트가 있는데, 그 내용을 간단히 말하면 무언가 고장 난 것을 수리하는 과정에서 사물의 본질이 드러난다는 거예요. 그런 관점에서 무언가 만들어내는 것보다는, 작동을 멈추거나 플래시처럼 없어졌을 때를 생각하는 것이 더 중요한 질문들을 파생시킬 수 있다고 생각합니다. 지금 맥락과 연결해서 이야기하자면, 저는 미술관에 소장된다는 것은 기본적으로 작업의 죽음이라고 생각하거든요. 하지만 그것에서 역시, 앞서 이야기한 것처럼 무언가 작동을 멈추고 죽어버렸을 때 드러나는 또 다른 본질에 관해서 이야기할 수 있는 것이 아닐까요.

영빈
지금 말씀해주신 지점은 지난 여름 제가 서울시립미술관의 소장과 수집을 주제로 한 〈소유에서 공유로, 유물에서 비트로〉 심포지엄에서 발표했던 「미술관의 폐허에 대한 노스탤지어를 넘어서: 온라인 이주 시대의 소장, 보존」에서 짚었던 내용과도

FLASHMOB

소프트웨어의 피라미드

공명하는 것 같습니다. 그때 예로 든 윤지원 작가의 〈무제(동영상 루트들)〉(2015)라는 오디오비주얼 작업에는 국립현대미술관의 수장고에 구동희 작가의 작업이 소장되는 과정이 나와요. 역시 오디오비주얼 작업인 구동희 작가의 작업을 담은 외장하드가 수장고에 보존되는데, 그것을 마치 조각 작품처럼 살균·살충하거든요. 게다가 마침 구동희 작가의 그 작업 제목이 *What's Not There*입니다. 우연이지만 재미있는 알레고리가 되는 거죠.

수연
거기 나오는 분은 국립현대미술관에서 굉장히 오래 일하신 레지스트라님이셔요. 저도 잘 알고 있는 분인데, 아마 매우 진지하고 사명감을 가지고 외장하드에 살균·살충 작업을 하셨을 것입니다. 그리고 수장고에 외부 사물이 들어갈 때는 혹시 뭔가 묻어올 수도 있기 때문에 꼭 거치는 절차이기도 해요. 그래서 일단 저는 그것이 알레고리나 메타포가 될 수 없다고 생각해요. 더 나아가서 요즘은 디지털의 물질성에 대한 고민을 많이 하고 있습니다. 최근에 MIT 출판부에서 얀니 알렉산더 루키사스(Yanni Alexander Loukissas)의 *All Data Are Local*이라는 책이 나오기도 했잖아요. 데이터나

FLASHMOB

소프트웨어의 피라미드

비트는 항상 자유롭게 이동을 한다고 생각을 하지만, 사실 모든 데이터는 실질적으로는 물리적인 지역에 묶여있다는 것이죠. 미술관이 하드로 디지털 작업을 보관하는 것도 비슷한 맥락에서 생각할 수 있다고 봐요.

영빈
저도 그런 차원에서는 당연히 메타포라고 생각하진 않아요. 그러한 조치나 규정 자체가 잘못되었다는 것이라기보다는, 일종의 시차 또는 낙차의 문제라고 할까요. 저도 방금 지적해주신 '물질성'의 주제를 2018년 KT 기지국 화재 사건을 통해 자주 이야기하곤 합니다. '클라우드'라는 게 어딘가에 떠 있는 것 같지만, 어떤 지역의 기지국에 불이 나면 당장에 난리가 나는거죠. 그때 저도 근처에 살았는데요, 해당 기지국과 연결된 지역의 모든 통신망이 두절되면서, 모든 편의점에 '카드 결제 안됩니다'라는 손으로 쓴 공지가 붙었고, 결국 한 분은 119 연결이 안되서 돌아가셨죠. 즉 디지털 세상에서 물질적인 것은 허상이라 얘기하는 건 당연히 아니에요. 그보다 제가 여기서 중요하다고 보는 것은 디지털 파일을 담고 있는 물질이 미술관이라는 제도적 장치 안에서 어전히 조각이나 회화 작업과 유사한 것으로 여겨질 때 발생하는 '낙차'입니다.

FLASHMOB

소프트웨어의 피라미드

서버 뮤지엄
    태현

지금 나오고 있는 이야기들을 오늘 주제와 덧붙여서 계속 밀어 붙여보면 좋을 것 같습니다. 소장이라는 것은 필연적으로 소장품의 원형을 그대로 보관하기 위한 절차를 포함합니다. 조각이나 회화 같은 경우에는 물질적 원본을 기준으로 삼으면 되지만, 문제는 디지털로 넘어갔을 때입니다. 아까 양아치 작가님이 짚어주셨듯 플래시가 없어지면 HTML로 똑같은 기능을 구현하면 되는 것일까요? 이것은 과연 원형이란 무엇인가라는 근본적인 질문과 통하기도 합니다. 곽영빈 선생님 논문에서도 나오는 문제인데, 백남준의 작업에서도 이런 사례가 있죠. 1967년 작 〈에뛰드〉는 원래 펀칭 코드로 만들어진 것이었어요. 그런데 그것을 그대로 복원하지 않고, 디지털 코드로 바꾸어 똑같은 방식으로 작동하는 알고리즘을 짜서 전시합니다. 그럼 그것은 백남준의 작품이라고 할 수 있는 것일까요? 물질이 아니라 코드이기 때문에 조금 더 복잡한 문제가 생기죠. 미술관 제도에서 그것을 어떻게 처리하고 있는지의 문제를 포함해서 말이에요.

FLASHMOB

소프트웨어의 피라미드

양아치
디지털 작업을 기존의 미술관 제도에 소장하려면 USB나 외장하드에 담아 조각처럼 보관하는 수밖에 없으리라 생각해요. 그런데 저장장치도 언젠가는 또 망가질 것입니다. 그럼 백남준의 고장 난 텔레비전과 뭐가 다르겠어요. 개관을 준비하고 있는 어떤 미디어/지역/공동체 특성화 미술관에 자문을 했었는데, 제가 가장 중요하게 이야기했던 것이 하드웨어를 소장하지 말라는 것이었어요. 작품을 소장하려면 작가들에게 오픈소스로 그 데이터들을 받아와야 한다고 제안했습니다. 데이터의 원본성은 보장하되 누구든 자유롭게 그 데이터를 사용할 수 있도록 해야 한다는 것이에요. 소장 이야기를 하고 있으니 국립현대미술관에서 일하시는 이수연 선생님께 궁금한 점이 있습니다. 미술관에서는 물리적인 수장고를 계속 확장할 계획이 있겠지요?

수연
아무래도 그렇습니다. 아직 구체적이진 않지만 다른 지역 분관에 대한 이야기와 함께 꾸준히 지속되고 있습니다.

FLASHMOB

소프트웨어의 피라미드

양아치

그런 조건 속에서 뜬금없는 이야기일 수도 있지만, 미술관이 물리적인 수장고와 분관만 늘릴 것이 아니라, 서버를 기반으로 한 미술관을 지어야 합니다. 지금과 같은 식이라면 그 어떤 예술 작업도 기존의 보수적인 미술사적 관점에서만 소장하게 될 것이에요. 이것은 단지 기술의 문제가 아닙니다. 국공립 미술관이 다원적인 세계에서 어디에도 속하지 않는 난민적 위상의 예술 언어를 담을 수 있는 실질적인 플랫폼을 만들어야 해요. 그 첫 번째 실천이 저는 서버 뮤지엄이라고 생각합니다.

수연

저도 사실 그런 작업을 하고 싶어서 다시 미술관에 돌아왔습니다. 미술사학을 공부하고 있지만, 저의 기반은 사실 언어학에 있어요. 제가 미술사로 옮겨온 것은 커뮤니케이션이라는 것이 언어만으로는 해결되지 않는다는 확신이 있었기 때문이었습니다. 그렇기에 미디어 쪽으로 관심이 옮겨가고 있는 것이죠. 이런 맥락에서 작가들의 작업뿐만 아니라, 과거 플래시가 한창 쓰이던 시절의 '피바다 학생 공작소' 같은 웹사이트도 미술관에서 아카이브 해야 한다고 생각을 해요. 문제는 그런 커뮤니티나 웹사이트를 선정하고 평가하여 박물관,

FLASHMOB

소프트웨어의 피라미드

미술관이 보관하게 되는 과정 자체가 일종의 파워 게임이 될 수도 있다는 것에 있죠.

플래시 얘기로 다시 돌아와 보면, 어떤 웹사이트나 소프트웨어의 소스 코드만 있으면 그것의 원본성은 충분히 보장되는 것일까? 하는 질문이 남아요. 단지 코드만으로 디지털 미디어를 충분히 소장(collect)하고 기억(recollect)할 수 있는 것일까? 저도 서버 뮤지엄이 필요하다고 생각해요. 그런데 코드라는 언어만으로는 부족할 수 있다는 것이죠. 그것은 단지 언어적 구조일 뿐이에요. 언어학을 전공하던 시절에 만주어를 배웠던 적이 있습니다. 이제는 사용자가 거의 없는 언어인데, 그렇다면 제가 만주어를 배운다고 해서 만주의 문화를 기억해내거나 익힐 수 있게 되는 것이 아니잖아요. 컴퓨터 프로그래밍 언어도 비슷한 구석이 있다고 생각해요. 코드만을 소장하게 된다면, 그 알고리즘 구조를 통해 촉발된 문화는 어떻게 되는 것일까? 하는 질문이 생기는 것입니다.

    태현
말씀해주신 것처럼 언어학적으로 접근을 하면, 언어의 구조는 사유에도 영향을 미치고, 발화의 형식이나

FLASHMOB

소프트웨어의 피라미드

내용에도 영향을 주는 것이잖아요. 컴퓨터 언어에서도 그런 측면이 있을까 하는 고민이 있습니다. 예를 들어, 플래시에서 사용되었던 액션스크립트라는 언어가 특정한 구조로 되어 있기 때문에, 그것이 당시에 어떤 인식 체계와 문화를 만들어냈던 것은 아닐까? 하는 질문이죠. 만약에 그렇다면, 같은 기능을 가지고 있다고 해도 액션스크립트로 만들어진 것을 HTML5라는 다른 언어로 마이그레이션한다면 전혀 다른 위상이 되어버릴 수 있다는 것이죠. 그래서 디지털 미디어 작업을 소장할 때, 인터페이스에 나타나는 최종적인 결과물만 수집할 것이냐, 혹은 코드까지 철저히 소장의 영역으로 생각해야 하느냐가 중요한 논점이 될 수 있다고 봅니다. 특히 소프트웨어의 경우에는 다양한 버전의 문제가 있어서 더 복잡하기도 하죠.

소장할만한 것?

이선

조금 다른 논점이지만, 소프트웨어를 수집하는 것은 근본적으로 미술품 수집과 다른 점이 많다고 생각해요. 닌텐도나 넥슨 같은 사기업에서는 자신들의 작업을 역사화하기 위해 박물관을 설립하고 자본을 투입하여 소장품 시스템을 운용하곤 합니다. 그러나 익명의 플래시

FLASHMOB

소프트웨어의 피라미드

콘텐츠나 어떤 방식으로 특정할 수 없는 문화적 위상의 것들은 과연 어떤 방식으로 보존되고 기릴 수 있게 되는 것일까요? 물론, 플래시는 그 문화를 즐겼던 사람들이 직접 비영리재단을 만들어서 아카이브하고 있습니다. 개인들이 자신의 하드에 모아왔던 SWF 파일을 공유하기 위한 플랫폼을 만들기도 했고, 어떤 단체는 전 세계 각국에 모더레이터를 두고 플래시 콘텐츠들을 수집하고 있더라고요. 그러나 이런 개인적인 실천을 언제까지 지속할 수 있을지 모르겠어요. 개인적인 실천에 의존하는 것은 영속적인 소장을 보장할 수 없으니까요.

영빈
우리 대화의 맥락에서는 '백남준이니까 그렇게 돈을 들여서 소장하지'라고 쉽게 이야기되는 것들이 오히려 중요한 문제가 될 수도 있다고 생각해요. 우리가 어떤 경향이나 주제를 다룰 때, '그래서 요즘 이런 주제를 가장 잘 다루는 작가가 누구야?'라는 식으로 소재를 개인화하잖아요? 그리고 그렇게 이른바 '동시대적'이라고 이야기되는 주제를 잘 다루는 사람의 작업이 또 미술관에 소장할만한 것이 되고요. 그렇기 때문에 어쩌면 '탈개인화'라는 토픽을 생각할 필요가 있다고 생각합니다. "예술이란 것 자체는 없다. 오직 예술가들이 있을

FLASHMOB

소프트웨어의 피라미드

뿐이다"라는 곰브리치(Ernst Gombrich)의 말처럼, 결국은 작가라는 '개인'으로 회귀하고 마는 이런 기이한 순환 구조를 돌파할 수 있는 문제 제기로서 말이죠.

수연

그런 부분은 미술사가 보편적으로 가지고 있는 한계라고 생각해요. 어떤 문화든 선택된 것이 남기 마련이고, 그런 선택의 과정에는 특정한 개인들의 영향이 있으니까요.

영빈

저는 이런 맥락에서 프랑코 모레티(Franco Moretti)가 던진 질문을 다시 곱씹어볼 필요가 있다고 생각해요. '문학사'란 도살장(slaughter house)이라고 이야기하잖아요. 19세기 말에서 20세기 넘어가는 시기에 유럽에서 쓰인 수만 편의 소설들 중에 이후 문학사에 살아남은 작품이 몇 편 안 된다는 것이죠. 그 몇 편들 가지고 문학사가들은 또 죽을 때까지 논문 쓰다 죽는다는 거예요. 물론 문학이나 미술 전체를 통계적인 것으로 환원할 수는 없겠지만, 여전히 중요한 도발적인 문제 제기라고 생각합니다. 문학사든 미술사든 그 당시에 도드라져 보이는 경향들을 결국은 '개인화'하고 단일 작품화하는 작업으로 귀결되곤 하잖아요. 디지털

FLASHMOB

소프트웨어의 피라미드

생태계에서 벌어지는 미술 작업들은 이와 다르게 취급될 수 있을까요? 서버 뮤지엄을 만들면, 이렇게 결국 작가 '개인'으로 모든 것이 환원되는 방식의 이야기와 다른 차원의 질문이 가능해질까요? '서버 뮤지엄'에 대한 고민이 불필요하다는 것이 아니라, 이런 질문들을 함께 병치시켜 고민할 필요가 있다는 것입니다.

태현

이런 고민을 할 때면 저는 민속박물관 모델을 생각해요. 물론 민속박물관이라는 것 자체가 식민주의와 연결이 되는 측면이 있지만, 거기에는 짚신도 있고 빗자루도 있단 말이죠. 전혀 소장할 가치가 없다고 볼 수 있는 것들도 거기에선 특수한 형태로 보존되어 있고, 심지어 탈개인화되어 있는 경우가 많아요. 짚신에 장인 이름이 붙어있는 경우는 거의 없으니까요. 그런 것들은 대체 어떻게 남아 국립민속박물관에 들어가 있게 된 것일까? 시차의 문제일까? 단지 오래됐기 때문에 그것은 소장할만한 것이 되는 것일까? 하는 질문들이 생깁니다.

수연

솔직히 얘기하면 단지 오래 살아남았기 때문이라고 생각해요. 그리고 모든 소장에는 우연의 측면이 분명히

FLASHMOB

소프트웨어의 피라미드

있죠. 짚신에는 다양한 스타일이 있었겠지만, 지금 우리가 박물관에 보관하고 있는 스타일이 우연히 살아남은 거예요. 그럼 그 짚신을 가지고 학자들이 또 논문을 계속 써내는 거죠. 이야기되고 있는 것처럼 어차피 역사를 쓴다는 것, 혹은 뭔가를 선택하여 소장한다는 것은 이렇게 냉소적인 측면을 가질 수밖에 없어요. 사실 공정한 잣대도 없고, 명확한 기준도 없는 것이죠.

양아치
이런 이야기를 통해서 결국 드러나는 것은 미술사 자체에 대한 개편이 필요하다는 거예요. 그리고 인간의 해석과 번역이라는 것이 한계에 다다랐다는 것이 명확해 보입니다. 지금 이야기를 나누면서 테크놀로지의 관점을 더 많이 이야기하는 것이 미술사에 오히려 도움이 되겠다는 생각까지 하게 되었어요.

수연
저도 미술사, 특히 회화사에서 미술사가들이 써왔던 것들을 보면 굉장히 터무니없다는 생각을 많이 해요. 이 사람들은 겨우 요만한 세상을 통해 모든 걸 보려고 했구나 하는 것이죠. 그러나 한편으로는 그 작은 세계를 이렇게 깊게도 들여다볼 수도 있구나 하는 생각이 들기도

FLASHMOB

소프트웨어의 피라미드

합니다. 어떤 미술사학자가 자신은 그림을 그려본적이 없기 때문에 회화의 본질을 알 수 없다고 이야기 하더라고요. 그렇게 생각해보면 회화사라는 것은 사실 회화와 전혀 상관이 없었던 것이 아닐까 싶기도 해요. 지금 이야기되는 기술도 마찬가지죠. 기술의 역사적 서술은 기술 자체와 전혀 무관한 것은 아닐까요?

양아치

저도 그렇게 생각해요. 그런 맥락에서 아까 이야기하셨던 것처럼 미술관이 '피바다 학생 공작소'를 소장한다는 아이디어는 궁극적으로 미술사라는 체제나 예술가의 위치를 흔들겠다는 판단으로 보여요. 생각해보면 '피바다 학생 공작소'뿐만 아니라 당시에 몇몇 유사한 사이트들이 있었어요. 그리고 당시의 기억을 공유하고 싶은데, 너무 재미있었던 것이 당시에는 개발자들끼리 소스를 공유하는 문화가 있었습니다. 심지어 다른 사람의 사이트 인덱스에 직접 들어가서 뭘 고쳐주기도 했어요.

수연

그런 일화는 제가 쓰고 있는 논문에서도 중요하게 다뤄지는 지점이에요. 그 시기 개발자들이 이해했던 사이버스페이스는 일종의 유토피아 같은 것이었다고 생각합니다. 그래서 오픈소스 문화가 만연했고, 그것이 플래시 문화에도 크게 기여를 했던 것이고요.

태현
당시에 개발자들의 커뮤니티를 통해서 공유하던 오픈소스 문화는 이제 일정 수준 상업화된 플랫폼인 깃허브 같은 것들을 통해서 매개되고 있죠. 그런 문화가 자본화된 것 같아 애석하기도 합니다. 물론 깃허브를 통해 자신의 코드를 공유하고 다른 사람의 코드를 참조하면서 무언가 만들어내는 문화가 더 보편화되는 것으로 보이기도 합니다. 프로그래밍 언어의 구조가 객체지향으로 가면서 가능해지는 것도 있었겠죠. 흥미로운 점은 이런 오픈소스 플랫폼이 박물관보다는 도서관과 같은 모델을 떠올리게 한다는 점입니다. 양아치 작가님 이야기처럼 오픈소스로서의 소장은 아카이브 방식에 새로운 상상력을 부여한다는 생각이 들어요.

눈에 보이는 것과 보이지 않는 것

수연
문제는 오픈소스로 해결되지 않는 지점이 있다는 것입니다. 아까도 이야기했던 것처럼 저는 물질성은 버릴 수 없다고 생각해요. 제가 들었던 만주어 예시를 다시

FLASHMOB

소프트웨어의 피라미드

가지고 오면, 오픈소스로 공유되는 방식으로 무언가 소장하는 것은 언어를 익히기 위한 교습서를 만드는 작업 같은 것으로 생각해요.

양아치

그런 비유에서는 이렇게 생각해볼 수 있을 것 같아요. SWF 파일을 만주어로 쓴 시라고 생각한다면, 만주어는 액션스크립트의 위상으로 생각할 수 있겠죠. SWF 파일을 소장한다는 것은 만주어가 없어져도 만주어로 쓴 문학 작품만 남기는 것이 될 거예요. 하지만 그것은 곽영빈 선생님이 짚어내듯 플래시라는 전체적인 개념을 개인화한 상징에 불과한 것이잖아요. 특정한 플래시 콘텐츠만 남기고, 그것의 개발 환경까지 생각하지 못한다면, 만주어가 사라져버린 것처럼 여지없이 휘발되어 버릴 것입니다.

수연

이런 이야기에서 파생되는 것들이 미술관이나 소장 제도에 관련한 이야기보다 더 중요할 수 있다고 생각해요. 회화나 조각, 그리고 디지털 미디어에 대해 이야기를 할 때, 너무 당연하여 간과되는 것이 있습니다. 바로, 회화나 조각은 어떤 매개 없이 우리가 그냥 맨눈으로

FLASHMOB

소프트웨어의 피라미드

볼 수 있다는 점이에요. 그것들은 인간이 가지고 있는 일차적인 인터페이스를 통해 바로 접할 수 있죠. 그것에 반하여 디지털 미디어들은 인간의 시각이나 지각으로는 바로 파악할 수 없는 형태를 지니고 있습니다. 그것들은 컴퓨터와 디스플레이 장치 등 어떤 매개를 거쳐야만 볼 수 있게 됩니다. 우리는 데이터를 물질 그 자체로는 볼 수 없잖아요. 물질적인 저장 매체가 있다고 해도, 그것은 그냥 기성품의 모양을 하고 있지 그것에 담긴 내용과 전혀 관계가 없고요. 소프트웨어를 소장하는 문제는 인간의 기본적인 지각 능력 이외에 다른 과정을 거쳐야지만 내용을 파악할 수 있다는 점에 대해서 조금 더 깊이 있는 이야기들이 필요할 것 같습니다.

영빈

맞아요. 최종적으로는 이미지로 접하게 되는 플래시 콘텐츠도 소스 코드로 이루어져 있죠. 그런데 대부분의 사람은 코드를 봐도 그것이 무엇인지 알 수가 없습니다. 이것은 이른바 '판단의 잣대' 문제와도 직결되는 것으로, 우리의 논의에도 의미심장한 함의를 갖습니다. 예를 들어, '도상적으로는 형편없지만 알고리즘적 구조가 위대한 작업'이라면, 그것은 소장할만한 가치를 지니는 것이 될까요? 같은 질문이 제기되는 것이죠. 이는 단순히

FLASHMOB

소프트웨어의 피라미드

미술 제도가 컴퓨터 사이언스의 권위를 받아들여야 한다거나, 이질적인 차원에서라도 수용해야한다는 말이 아닙니다. 시몽동(Gilbert Simondon)은 '기술적인 개체가 미학적인 차원에서 재전유되어야 한다'고 지적하면서 '삽입'(l'insertion)과 같은 표현을 쓰는데요, 이를 통해 어떤 것이 왜 아름다운지를 판단하는 논리나 잣대 자체가 근본적으로 재규정될 수 있다는 것입니다. 저는 근본적인 의미의 '미디어'란 우리의 목적을 완수하는데 쓰고 나면 언제든 버려질 수 있는 '도구'(tool)나 '수단'(instrument)을 넘어서는 무엇으로서, 우리와 우리가 둘러싸인 장 자체를 변형시키는 것이라고 환기하곤 하는데요, 이와도 일맥상통하는 것이라 할 수 있겠죠.

태현

앞으로 이야기할 것들이 더 많아진 것 같아 기쁩니다. 플래시의 죽음을 통해서 정말 다양한 이야기를 나눌 수 있었네요. 기술은 어떻게 죽는지, 과거는 어떻게 과거가 되는지, 디지털의 물질적 존재론과 미술사적 체제와 제도에 대한 다각도의 성찰, 국립현대미술관에 서버 뮤지엄을 만들어야 한다는 구체적인 제안까지. 이미 유의미한 이야기가 나온 것들도 있고, 더 많은 고민이

FLASHMOB

소프트웨어의 피라미드

필요한 논의들도 있다고 생각합니다. 가장 관념적인 이야기부터 아주 구체적인 이야기까지 오가면서 즐겁고 또 유익한 시간이었습니다. 오늘 모두 시간 내주셔서 진심으로 감사합니다.

패널 소개

곽영빈

미술평론가이자 연세대학교 커뮤니케이션 대학원 객원교수로, 미국 아이오와 대학에서 「한국 비애극의 기원」이란 논문으로 박사학위를 받았다. 서울시립미술관이 제정한 최초의 국공립 미술관 평론상인 제1회 SeMA-하나 비평상을 수상했고, 서울국제실험영화페스티벌과 송은미술대상전 등에서 심사를 맡았다. 아무런 '공지' 없이 바뀐 시대를 그러쥐고, 넓은 의미의 '풍속사'에 빨려들지 않으면서, 작가 자신에게조차 수수께끼로 남는 작업들에 관심이 많다.

FLASHMOB

소프트웨어의 피라미드

양아치

2000년대 초 웹 기반의 작업을 시작으로 새로운 미디어의 가능성과 그 이면의 사회, 문화, 정치적인 영향력을 비판적으로 탐구하는 작업을 해왔다. 본명인 조성진 대신 작업 초기에 사용했던 온라인 아이디 '양아치'를 예명으로 사용하며 다양한 분야의 전문가들과 협업하면서 미디어의 영역을 실험하고 확장한다. 최근에는 주체와 객체, 신체와 사물, 인공과 자연의 구분이 없는 대상들의 네트워크로 이뤄진 세계를 구상하는 작업을 펼쳐내면서 미디어의 본질과 그로부터 파생되는 다양한 차원을 탐색하고 있다.

이수연

국립현대미술관 학예연구사. 학부에서 언어학을 전공하면서 커뮤니케이션 수단으로서 언어 이상의

FLASHMOB

소프트웨어의 피라미드

역할을 수행하고 있는 이미지의 가능성과 이미지를 읽어내는 방식에 관심을 가지게 되어 미술사 석사로 전향하였다. 국립현대미술관 학예연구사로 일을 하면서 테크놀로지의 발전과 무빙이미지, 영화, 인터넷 등 여러 가지 매체의 발전 간의 관계에 흥미를 가지고 전시를 하였으며, 현재 한국 인터넷 기술의 발달과 그에 관련한 1990년대-2000년대 시각문화 변화사에 관한 박사 논문을 쓰고 있다.

BACKERS & CREDITS

330 — BACKERS

233명의 텀블벅 후원자분들
(아이디 기준, 가나다순)

- --
- -
- -
- -
- 010
- 01771
- 23빈
- 733H
- ㄱㄴㄷㄹ
- 강깊은
- 강예솔
- 강재영
- 강지우
- 건축틈새
- 검은안경
- 고경
- 고주영
- 구리
- 구윤지
- 권정민
- 그린앤블루
- 기비기
- 김노올
- 김다온
- 김덕근
- 김동현
- 김민지
- 김민회
- 김병천
- 김상민
- 김숙현
- 김승규
- 김아영
- 김재석
- 김재원
- 김정현
- 김지석
- 김지수
- 김지윤
- 김진영
- 김진주
- 김호경
- 꿀꿀
- 나경석
- 나수
- 남웅
- 네오
- 노두용
- 누리 김
- 니모를 찾았어
- 더쿠
- 또리언니
- 라시내
- 라이프
- 란탄
- 룩앳미
- 류현주
- 릉
- 마소율
- 망망
- 메시아
- 모모북
- 무무
- 뭉실
- 바람돌이
- 박성범
- 박소현
- 박수진
- 박수진
- 박시내
- 박은혜
- 박찬이
- 백지홍
- 사슴농장
- 상고대
- 생선생
- 서씽서씽
- 선우
- 설은아
- 성효린
- 소소한
- 송태용
- 수경재배
- 수빈
- 승현
- 시구로
- 신기루
- 신나라
- 신슬기
- ㅇㅇ
- 아우으앙
- 아트빌Artvill
- 안닝
- 안홍시
- 양-
- 어이없네
- 에스더
- 연다솔
- 연삭쓰
- 연필
- 영만
- 오공이
- 오승민
- 오영욱
- 오영진
- 원미
- 유리캘리
- 유림
- 유월십이월
- 유지혜
- 유진영
- 윤재
- 으녜
- 은별
- 은행나무
- 이경혁
- 이곳에 남아있기로 한자
- 이다미
- 이다영
- 이민혜
- 이소임
- 이송
- 이수빈
- 이여로
- 이유니
- 이지원
- 이채은
- 이하림
- 이혜준
- 입룝
- 자연치유사
- 장고양
- 장성건
- 재만
- 재심
- 전상현
- 정광형
- 정여름
- 정원사망자
- 정지희
- 조용일
- 조희수
- 주주라라
- 지용
- 집사
- 차혜림
- 최규미
- 최선주
- 최소원
- 최윤서
- 커피는맥심
- 타임워커
- 태구 김
- 포푸리
- 한국문화예술위원회 예술나무
- 한선우
- 헤리덩컨
- 허연화
- 허준
- 호원
- 홍유진
- 황영욱
- 황예진
- 훈
- 흑표범
- 힘찬

BACKERS — 331

- Beirvhqhfeg
- blue
- bluekid
- bryan
- BSHS RPG (로켓 파는 공돌이)
- Caddo
- Cha Ji-Ryang
- Chanchul Jung
- Creta Park
- cut! cut! cut!
- Da Soul Chung
- DKTP
- Do Hyun Kim
- en****
- Eunho Lee
- Eve Kwak
- Fraud
- g****
- geeaj****
- gomikyo
- grapefruitee
- h68****
- Ha Seung Su
- HAE
- Haesoo Han
- happiness_is_u
- Hye-kyung Ku
- hyyyeon
- JaSeo.studio
- Jonathan
- joorassic
- june1st
- Jung Yeop Lee
- jungsang-in
- kathieka****
- Katie Lee
- Ki Hyo Park
- Kyungmin Kim
- line050
- loaf
- mari****
- MM
- MYEOU
- Niko
- ooops
- orange
- OS2_SH
- pingping
- pp
- Sangwook Ahn
- ScrapHeap
- shavingmace
- skadmsg****
- sol
- soojy****
- Sooyeon Park
- southc****
- sp****
- Suri Park
- Tae-Jin Yoon
- TENGGER
- tofukeem
- um****
- YaeWon Jin
- yjw****
- Yoojin
- YURAMING

엮은이
R.I.P. FLASH 프로젝트 팀

권태현

한국예술종합학교에서 미술이론을 공부한다.
글을 쓰고 다양한 프로젝트를 기획해왔다.
예술계에서 활동하지만 쉽게 예술이라고
여겨지지 않는 것들에 항상 더 많은 관심을
가진다. 예술 바깥의 것들을 어떻게 예술 안쪽의
대상으로 사유할 수 있을지 탐구한다. 정치적인
것을 감각의 문제로 파악하는 관점에 무게를 두고
연구를 지속하고 있다. 무언가 없어지는 것에
대한 미련이 많아 플래시처럼 모두가 기억하는
소프트웨어라면 그냥 없어지면 안 된다고 막연히
생각했다.

박이선

연세대학교 커뮤니케이션대학원에서 미디어 문화연구 전공 석사 학위를 받았다. 다양한 문화현상 중 특히 게임을 둘러싼 일들에 관심을 두고 연구한다. 최근에는 사람들의 일상이 게임과 융합되는 것, 가상현실로 진입할 때 작용하는 현실적 조건에 관심이 있다. 2019년 플래시의 사망 예고를 듣고 어렸을 때 플래시 게임을 즐겼던 소중한 추억들을 떠올렸고, 마지막으로 할 수 있는 것을 고민하다가 그것의 생애를 꼼꼼히 연구하고 장례식을 치러줘야겠다고 결심했다.

334 — CREDIT

글 권태현, 박이선, 성상민, 오영진, 이민주, 이정엽, 이하림, 정찬철
인터뷰이 김학표, 류재규, 백윤화, 설은아, 유동훈, 임보라
토크 패널 곽영빈, 양아치, 이경혁, 이수연, 이정엽

ripflash.net 웹 개발 김성우
ripflash.net 웹 디자인 김맑음

도움
김지윤, 백승철, 안성은, 양은경, 이다영, 전솔비, 전홍석, 익명의 개발자들

후원
넥슨컴퓨터박물관
인천문화재단
한국문화예술위원회
한국예술종합학교 융합예술센터

초판 1쇄 발행 2021년 12월 21일
ISBN 979-11-976019-0-3 93500

발행 코옵
기획 및 편집 권태현, 박이선
디자인 suuub services (최수빈, 민윤정)
인쇄 및 제작 인타임

코옵
등록 2021년 4월 13일 제2021-000043호
서울특별시 종로구 창경궁로16길 30, 602호

문의
ripflash2020@gmail.com